11 Pierre G.
Halb fleuri
juin rouge
1897

EXPOSITION UNIVERSELLE DE 1878

LE PALAIS
du
TROCADÉRO

Le Coteau de Chaillot.
Le Nouveau Palais. Les dix-huit mois de travaux.
Renseignements techniques.

38 GRAVURES ET 4 PLANS

PARIS
Vᵉ A. MOREL ET Cⁱᵉ, LIBRAIRES-ÉDITEURS
13, RUE BONAPARTE

1878

LE

PALAIS DU TROCADÉRO

LES GRAVURES DE CE VOLUME
ONT ÉTÉ EXÉCUTÉES D'APRÈS LES DESSINS

DE

MM. Avenet, Deroy, Lancelot, Naturel, Pétot, Pozier,
Toussaint, et Tomaskiewicz.

PAR

MM. Barban, Comte, Coste, Guillaumot, Heulard,
Hildibrand, et Laplante.

EXPOSITION UNIVERSELLE DE 1878

LE PALAIS
DU
TROCADÉRO

Le Coteau de Chaillot.
Le Nouveau Palais. Les dix-huit mois de travaux.
Renseignements techniques.

38 GRAVURES ET 4 PLANS

PARIS
Vᵉ A. MOREL ET Cⁱᵉ, LIBRAIRES-ÉDITEURS
13, RUE BONAPARTE

1878

TABLE DES MATIÈRES

LE COTEAU DE CHAILLOT

Pages.

I. — Le domaine de Chaillot. — Philippe de Commines. — Catherine de Médicis. — Le président Janin. . . .   1

II. — Bassompierre. — Les Dames de la Visitation. — Henriette d'Angleterre. — Bossuet. — Mlle de La Vallière. — Mme de Sablé. — Chaillot protégé par les religieuses. — Le champ de la fédération. — Suppression du couvent   8

III. — Palais du roi de Rome. — Prise du Trocadéro. — Le Trocadéro en 1867   22

LE NOUVEAU PALAIS

I. — Aspect général   33
II. — Disposition générale de la salle des fêtes   39
III. — Décoration intérieure de la salle des fêtes.   47
IV. — Extérieur de la salle des fêtes, côté du jardin   61
V. — Les annexes de la salle, côté de la place du Trocadéro .   69
VI. — Les deux tours   79

TABLE DES MATIÈRES.

                                                                    Pages.
VII. — Les pavillons de conférences   88
VIII. — Les galeries des ailes.   95
IX. — Les pavillons de tête   103
X. — Les portiques des ailes et les pavillons intermédiaires . 112
XI. — La cascade.   120

LES DIX-HUIT MOIS DE TRAVAUX

Le concours. - Étude du terrain et du projet. — Premiers
   travaux   132
Mois de Novembre 1876   147
   — Décembre —   148
   — Janvier 1877   148
   — Février —   149
   — Mars —   150
   — Avril —   154
   — Mai —   155
   — Juin —   156
   — Juillet —   157
   — Août —   158
   — Septembre —   159
   — Octobre —   160
   — Novembre —   162
   — Décembre —   163
   — Janvier 1878   166
   — Février —   168
   — Mars —   169
   — Avril —   170
Ouverture de l'Exposition. — Derniers travaux. — Premier
   concert   173

TABLE DES MATIÈRES

RENSEIGNEMENTS TECHNIQUES

	Pages.
I. — Ventilation.	175
II. — Acoustique.	184
III. — Optique.	200
Table des figures.	203

Fig. 1. — Mascaron de la cascade.
(Modèle de M. Legrain.)

LE PALAIS DU TROCADÉRO

LE COTEAU DE CHAILLOT

I

Le domaine de Chaillot. — Philippe de Commines. — Catherine de Médicis. — Le président Janin.

Le nouveau palais du Trocadéro s'élève sur le coteau de l'ancien village de Chaillot, dans la partie la plus pittoresque du tournant de la Seine et absorbe, au delà de ses limites, l'ancienne seigneurie de ce nom.

Cette situation, à l'exposition du sud-est pour sa face principale, dominant la campagne avoisinante et commandant le cours du fleuve en aval et en amont, devait désigner ce point topographique des environs de Paris comme un emplacement privilégié pour y élever des constructions répondant aux habitudes et aux mœurs successives des temps. Son histoire, moins patriotique et moins dramatique que celle de la vaste plaine qui lui fait face et où se sont accomplies les plus importantes scènes de la Révolution française, n'en offre pas moins un sujet d'étude et un élément de curiosité.

Successivement manoir féodal, habitation royale, seigneuriale et bourgeoise, lieu de plaisir, asile de retraite religieuse, nécropole de souverains détrônés, théâtre où le malheur, l'ambition et la gloire ont cru trouver un refuge ou un piédestal : telle est en résumé l'histoire de ce coin de Paris.

Le Trocadéro, comme on l'a dit plus haut, fait partie du sol de l'ancien village de Chaillot, dont la première trace date du xie siècle. Ce village appartenait à une région qui au viie siècle s'étendait jusqu'à Boulogne, le bois compris, et portait le nom de *Nimio*. Le roi Clotaire II avait donné tout ce territoire à l'Église de Paris. L'abbé Lebœuf estime que les habitants de Nimio, plus tard *Nijon*, par corruption, s'écartèrent, les uns vers les sources et marais, tandis que les autres se rapprochèrent de Paris, en se dirigeant vers l'est dans la partie où l'on avait abattu l'extrémité de la forêt de *Rouvray* ou de Boulogne. Ce dernier lieu prit le nom de *Chal* ou *Chail*, mot celtique signifiant *Destructio arborum*. Deux villages furent ainsi formés des débris de Nijon, dont l'un fut Auteuil et l'autre Chaillot.

Le territoire de Chaillot consistait en quelques vignes et jardinages avec des terres labourées. Au sommet du coteau, l'aspect était fort séduisant; on y apercevait, d'un côté, Paris et, de l'autre, le bois de Meudon. La physionomie de la ville est changée, les horizons de la campagne se sont transformés ; l'art et la nature se sont partagé tour à tour l'attention de l'observateur et de l'artiste; mais le lecteur a certainement constaté que le charme de ce lieu, vanté particulièrement par ses historiens, exerce encore toute sa séduction.

Chaillot eut vraisemblablement une seigneurie. Vers la fin du règne de saint Louis, un bourgeois qui se nommait *Arrode* ajoutait à son nom celui de *Chailloüel;* ses descendants, enterrés au cimetière de Saint-Martin-des-Champs, étaient désignés comme seigneurs de Chailleau. Cette terre, possédée successivement par un écuyer, par un avocat au Parlement et par un certain *Guy de Levis,* sortit des mains de ce dernier à la suite d'une sentence du prévôt de Paris, rendue pour cause d'abus. Louis XI en disposa et en fit don à Philippe de Commines, sire d'Argenton, son conseiller, probablement en récompense de ses services dans la guerre du Bien public. On sait que l'historien de Louis XI, après avoir passé de la cour de Charles le Téméraire à celle du roi de France, fut comblé de pensions et de gratifications. Les lettres de don, datées de 1474, établissent que cette seigneurie était en masure, mais qu'elle contenait 7 arpents de jardins, 3 arpents de vignes, 16 ou 20 arpents de terres ; elles constatent également la présence « d'une tour carrée avec prisons dessous », ce qui établit non-seulement le fait d'une autorité seigneuriale, mais encore l'existence d'un château féodal avec droits de haute et de basse justice [1].

De Commines et de ses héritiers la seigneurie passa dans les mains de Catherine de Médicis, et l'historien des *Paroisses de Paris* dit en propres termes que la reine mère y bâtit « une maison en forme de palais ». Catherine aimait passionnément les arts et les artistes, mais de Thou nous dit dans ses *Mémoires* que la passion de la superstitieuse reine pour les constructions, entreprises un peu partout, était établie sur la croyance où elle était que le jour qui les verrait achever serait le dernier de sa vie. On compte, en effet, depuis Chenonceaux jusqu'à la chapelle des Valois de Saint-Denis, plus de sept grands palais ou constructions entrepris de ses deniers par Jean Bullant et Philibert De L'Orme, ses architectes; Du Cerceau, dans son ouvrage sur *Les plus beaux bastiments de France,* nous a donné les dessins de presque tous, mais le palais de Chaillot manque. Cette résidence fut-elle entreprise vers la fin de la vie de la reine? S'il en était ainsi, on pourrait expliquer son inachèvement par les embarras financiers de Catherine. On sait, en effet, par de récents documents, le nombre et l'importance de ses créanciers et les difficultés qu'elle rencontrait pour satisfaire à leurs légitimes demandes;

---

1. L'étendue de ce domaine, en se transmettant, n'a guère changé, car la surface du couvent des Dames de la Visitation Sainte-Marie, les dernières propriétaires du domaine avant la Révolution, est, d'après le plan de Verniquet, de 30 arpents 27 perches.

aussi nous inclinons à penser que Chaillot fut projeté, que les fondations furent tracées, mais que les nivellements et terrassements furent seuls exécutés.

Henri IV et Marie de Médicis ayant renoncé à la succession de Catherine, il fut procédé à la liquidation de ses biens. Cette opération fut longue et difficile; mais doit-on en conclure, comme le pensent quelques historiens, que Bassompierre fut le successeur immédiat de la veuve de Henri II dans la possession de Chaillot? Nous ne le pensons pas. Il semble difficile, en effet, qu'il ait pu s'écouler quarante et un ans entre la mort de la reine mère et la transmission de son domaine à un nouveau propriétaire; aussi nous croyons devoir introduire dans cet intervalle un possesseur dont la physionomie n'est pas sans jeter quelque éclat sur ce séjour historique.

Tallemant des Réaux, dans les notes complémentaires de ses historiettes récemment publiées, dit formellement que « le président Janin bastit Chaillot ». C'est de ce nouveau « bastisseur » qu'il nous faut parler maintenant.

Pierre Janin, dit le *président*, était un honnête homme, d'un grand esprit politique et d'une droiture parfaite. Fils d'un tanneur d'Autun, qui lui avait fait faire de bonnes études à Paris, il ne renia jamais son père, auprès duquel il voulut être enterré. Envoyé comme député aux états généraux de Blois, il en sortit gouverneur de la chancellerie de Bourgogne, puis conseiller au parlement de cette province. Forcé de prendre un parti dans les guerres de la Ligue, il s'unit à M. de Mayenne. Envoyé à Laon, qui résistait à Henri IV, le roi lui criait du bas du rempart qu'il le ferait pendre; il lui fit cette fière réponse : « Vous n'entrerez pas que je ne sois mort, et après je ne me soucie guère de ce que vous ferez. » M. de Mayenne vaincu, le roi le fit appeler et lui dit que, s'il avait bien servi un petit prince, il servirait bien un grand roi. Janin était un esprit pratique, il se soumit et reçut la charge de président à mortier, mais il la vendit et vint se fixer à Paris. Chargé par le roi de négociations importantes, il fut assez heureux pour signer la *trêve de douze ans*, qui assurait l'indépendance des Provinces-Unies. Sa fortune grandissait, mais n'était pas encore à son apogée. Marie de Médicis, après l'assassinat de Henri, le nomma contrôleur général des finances, fonction qu'il exerça dignement et pour la sauvegarde du bien public. L'habile conseiller de Henri IV et de sa veuve avait un petit défaut, dont l'honnête homme s'accuse lui-même dans ses mémoires : « ... Ma maison serait beaucoup meilleure en commodités et richesses que je ne la laisserai en sortant de ce monde, si j'eusse eu soin de les employer en bonnes acquisitions, au lieu de les consumer en bastiments superflus et de grandes dépenses, dont je ne puis alléguer aucunes excuses, sinon que j'ai suivi mon inclination et que je m'y fusse aussi bien laissé aller quand Dieu m'eût donné plusieurs enfants, que quand je n'ai eu qu'une seule fille. »

Tallemant des Réaux relève, avec sa verve ordinaire,

Fig. 2. — Veuë du Chasteau de Challiot, proche de Paris. (Fac-simile d'une gravure d'Israël Silvestre.)

le côté faible du président : « Ce bon homme — dit-il — a basty et desbaty je ne sais combien de fois ses maisons, cependant elles ne sont pas mal entendues pour le temps. » Il ajoute plus loin : « Il a basty Chaillot. »

Le domaine en question devait donc appartenir à de fougueux amis de la bâtisse. Qu'est-il resté sur le bord de la Seine de l'œuvre du bon président ? A-t-il moins respecté les murs de Catherine que les siens ? Est-il mort au moment où sa dernière œuvre put trouver grâce devant la sévérité de sa pioche ? Ce que nous avons pu trouver sur cette résidence avant les adjonctions de Mansart, dont nous parlerons plus loin, c'est une gravure d'Israël Sylvestre (fig. 2), dont la date d'exécution, si elle était connue, ne servirait encore que de renseignement incertain. Ce que l'on y voit, vu la petitesse du tracé, peut aussi bien s'appliquer à une construction du commencement du xviie siècle que de sa dernière moitié. Le bâtiment est rectangulaire et d'une forme symétrique; il est construit à mi-côte sur deux étages de terrasse et semble adossé à deux autres terrasses situées en arrière. La face milieu se compose d'un pavillon central, percé d'une large baie décorée de colonnes à rez-de-chaussée, d'une fenêtre au-dessus s'ouvrant sur un balcon; le tout surmonté d'une lucarne en pierre, garnie de fronton et de consoles. Les ailes sont percées, au rez-de-chaussée et au premier étage, de cinq fenêtres de chaque côté; le tout couvert d'un comble élevé. Une rampe double, ornée de balustres, conduit au centre du pavillon. Tout cet ensemble de la construction rappelle bien cette architecture française de la fin de la Renaissance, cette transition du style de Henri II au style de Louis XIV.

Le président Janin mourut en 1623, et le 12 janvier 1630, ainsi qu'il est constaté dans les *Mémoires* de Bassompierre, l'ancien ami de Henri IV signait l'acquisition du domaine de Chaillot, sans dire toutefois de qui il le tenait.

II

Bassompierre. — Les Dames de la Visitation. — Henriette d'Angleterre. — Bossuet. — Mlle de la Vallière. — Mme de Sablé. — Chaillot protégé par les religieuses. — Le champ de la fédération. — Suppression du couvent.

François, baron de Bassompierre, avait quarante-neuf ans quand il résolut d'acheter Chaillot; il était maréchal de France, grand-maître de l'artillerie, après s'être distingué en Savoie et à la Rochelle comme militaire, et en Espagne comme ambassadeur. L'ancien compagnon de soupers et de galanterie de Henri était brave, spirituel, toujours ardent à la lutte et au plaisir. Le maréchal ne pouvait rester en place, et, bien qu'il aimât Paris par-dessus toutes choses, on le voit semant sa vie, son esprit, ses intrigues et ses amours un peu partout.

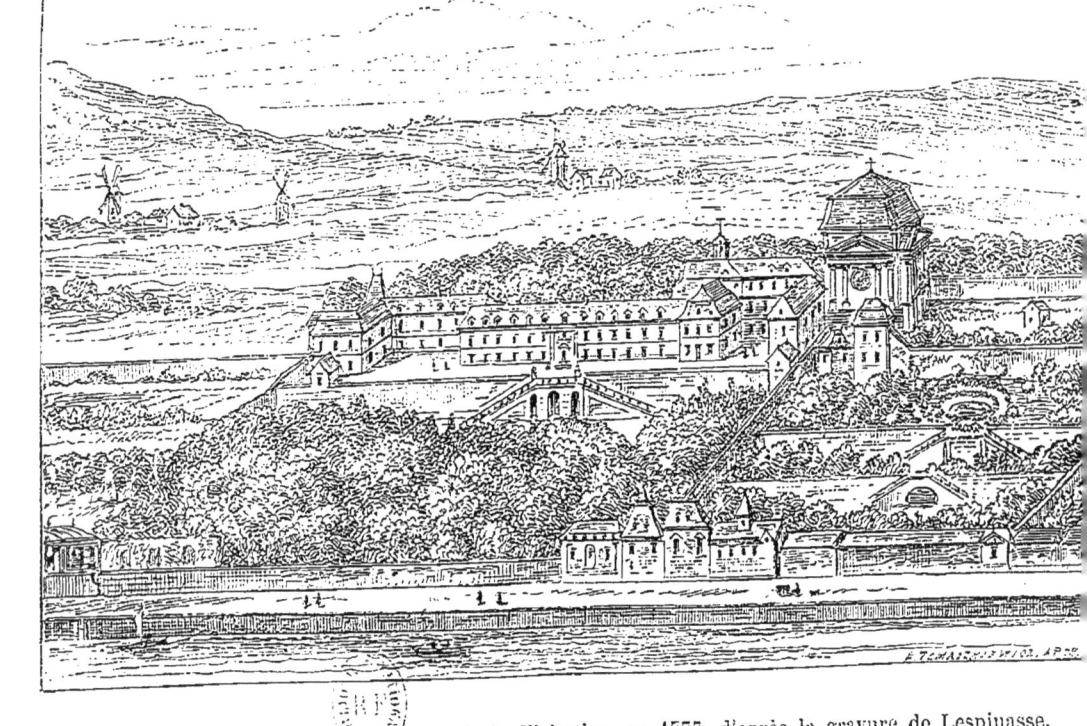

Fig. 3. — Vue du couvent des Dames de la Visitation, en 1777, d'après la gravure de Lespinasse.

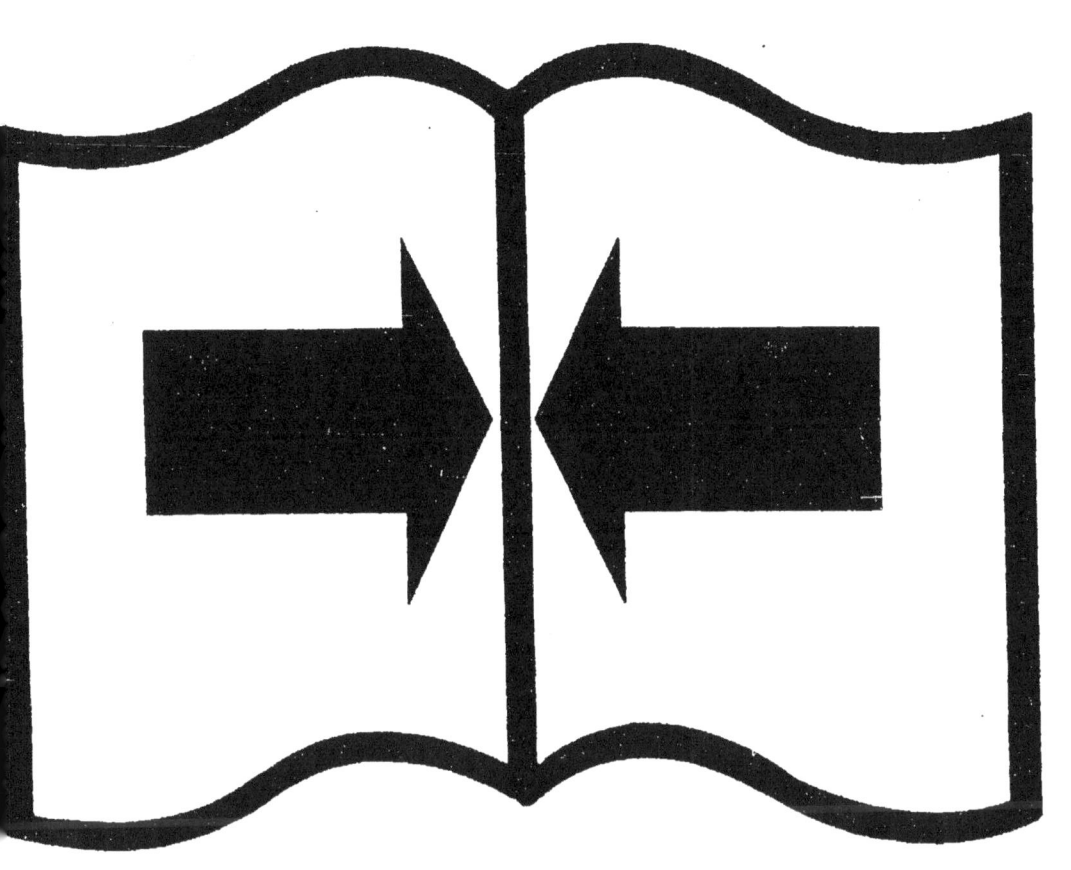

Reliure serrée

s'il se décide à acheter Chaillot, ce n'est pas pour s'y reposer et vivre aux champs, comme on disait alors, mais au contraire pour se dispenser d'aller dans ses terres, tout en restant à deux pas des agitations de la cour, près de cette société qui le charmait [1].

Voici donc ce domaine passé des mains honnêtes et prosaïques de Janin dans celles d'un grand seigneur aux habitudes élégantes, mais quelque peu corrompues. Hélas! cette occupation fut de courte durée. Bassompierre, dont les *Mémoires* sont écrits à peu près au jour le jour, raconte l'usage qu'il fit de sa maison des champs; il n'en décrit ni le charme ni l'état; il y est entré sans plaisir apparent et la quitte sans regret, sans même prendre le temps de maudire celui qui l'en séparait, son implacable ennemi, le cardinal de Richelieu. Comme nous l'avons dit, il avait signé le contrat le 10 janvier 1630; il y vient le 12 août et s'amuse, comme il le raconte, « à faire bastir Chaillot »; puis il part pour son ambassade de Suisse. Le 12 novembre de la même année, il y vient passer une journée; deux jours après,

---

[1]. Tallemant des Réaux raconte une conversation entre la reine Marie de Médicis et le maréchal, qui peint trop bien le caractère et les habitudes du temps pour ne pas la reproduire. La voici dans son texte quelque peu gaulois : « Quand il achepta Chailliau, la reyne mère lui dit : — Hé! pourquoy avez-vous acheté cette maison? c'est une maison de bouteilles. — Madame, dit-il, je suis Allemand. — Mais ce n'est pas être à la campagne, c'est le faubourg de Paris. — Madame, j'aime tant Paris, que je n'en voudrais jamais sortir. — Mais cela n'est bon qu'à y mener des g..... — Madame, j'y en meneray. »

il y donne un souper à trois amis, et, le 24 février 1631, il y accourt pour en tirer six mille lettres d'amour qu'il y avait enfermées et pour les brûler, ne voulant pas, dit-il, compromettre les personnes qu'elles concernaient. Le lendemain, le maréchal de Bassompierre entrait à la Bastille, où, pendant de longues années, la vengeance du cardinal le tint enfermé. Il sort enfin de sa prison en 1643, après la mort de celui qui l'y avait mis, et meurt lui-même trois ans après, sans nous avoir dit s'il était revenu à cette chère maison de Chaillot, dont la reine mère avait voulu le détourner.

Quel fut, pendant cette longue absence, le sort du domaine de Commines et de Catherine? On le sait par de courts récits du maréchal, qui, du fond de sa prison, raconte, sans avoir l'air d'y songer, ce qui se passait loin de lui du côté du coteau de Chaillot. Fidèle aux usages du temps et aux habitudes d'hospitalité des grands seigneurs, il prêtait sa maison. Sa belle-sœur l'avait occupée; Mme de Nemours s'y était installée l'année d'après, et son ennemi, le cardinal de Richelieu, s'était souvenu y avoir logé lorsque le roi habitait le château de Madrid, et cela en 1629, avant l'acquisition du maréchal.

Un jour que le grand ministre revenait de Charonne et passait près de la Bastille, il envoya demander au prisonnier de lui prêter son logis d'été; le maréchal s'empressa d'accéder à son désir, et voilà l'hôte de la Bastille pressant Mme de Nemours de céder la place au cardinal. Il est difficile, si l'on songe aux situations réciproques des trois personnes en cause, d'imaginer un sans-gêne, une servilité et une inconvenance pareils. La pauvre duchesse est obligée de faire ses paquets en toute hâte, parce que le logeur de la Bastille veut être hébergé à son tour par celui qui reçoit son hospitalité forcée !

Le cardinal y demeura cette troisième fois plus de six semaines. Avait-il besoin de ce séjour enchanteur pour calmer les irritations de son esprit, à la suite des conspirations qui, de toutes parts, se fomentaient autour de lui? Ce qui est certain, c'est qu'il n'y revint pas et que c'est l'illustre chancelier Séguier qui, l'année d'après, vint respirer à son tour sous les ombrages du prisonnier.

Bassompierre a-t-il transformé le domaine? Oui, si nous en croyons une certaine phrase de ses *Mémoires*, Le maître des requêtes avait fait prendre dans sa maison de Harouël les blés, qui étaient au nombre de 1,500 resaux; cette saisie avait sans doute pour effet de satisfaire les créanciers du maréchal, qui étaient nombreux; seulement le prisonnier redemande la valeur de ses blés, et le cardinal la lui refuse, sous prétexte qu'il était assez riche pour « bastir de somptueux édifices à Chailliau et en garnir les appartements de meubles si riches que le roi n'en avait pas de pareils » ; il ajoutait que le train de maison du prisonnier était si grand, qu'il désespérait de le pouvoir mater. La raison du cardinal pour refuser la restitution des sommes dues nous semble bien mauvaise, mais elle établit, pour nous, que l'hôte de la Bastille ne perdait pas de vue sa maison des champs et qu'il y faisait, bien qu'éloigné, de grandes dépenses.

Si l'on compare la gravure d'Israël Sylvestre (fig. 2 avec celle de Lespinasse (fig. 3), qui fut faite en 1777, après l'occupation par les Dames de la Visitation, on reconnaît que le domaine est devenu un vaste château. Une aile perpendiculaire à la façade sur le fleuve a été construite vers l'est; de nouveaux corps de bâtiments ont été élevés vers l'ouest, et l'on peut se demander si, dans cet accroissement de propriété, le maréchal n'est pas intervenu.

Bassompierre étant mort en 1646 sans héritiers directs, le domaine passa dans les mains d'un certain comte de Tillière, fut vendu ensuite par autorité royale et acheté en 1651 par Henriette-Marie de France, veuve de Charles Ier, roi d'Angleterre. On sait les malheurs de cette princesse, son courage, sa persévérance, sa charité, sa piété; on sait de plus quel sort l'attendait dans son pays natal lorsqu'elle revint, veuve de son mari décapité, trouver un asile à la cour d'Anne d'Autriche. Il semble difficile que Henriette ait pu acquérir en 1651 un domaine quelconque, vu son état de pauvreté; mais il suffit qu'elle ait fondé cette retraite après ses malheurs, pour que les bâtiments du mondain Bassompierre apparaissent aux yeux du lecteur sous un aspect régénéré.

Dans la longue liste des travaux exécutés par François Mansart, on voit que cet habile architecte construisit la chapelle des Dames de la Visitation Sainte-Marie de

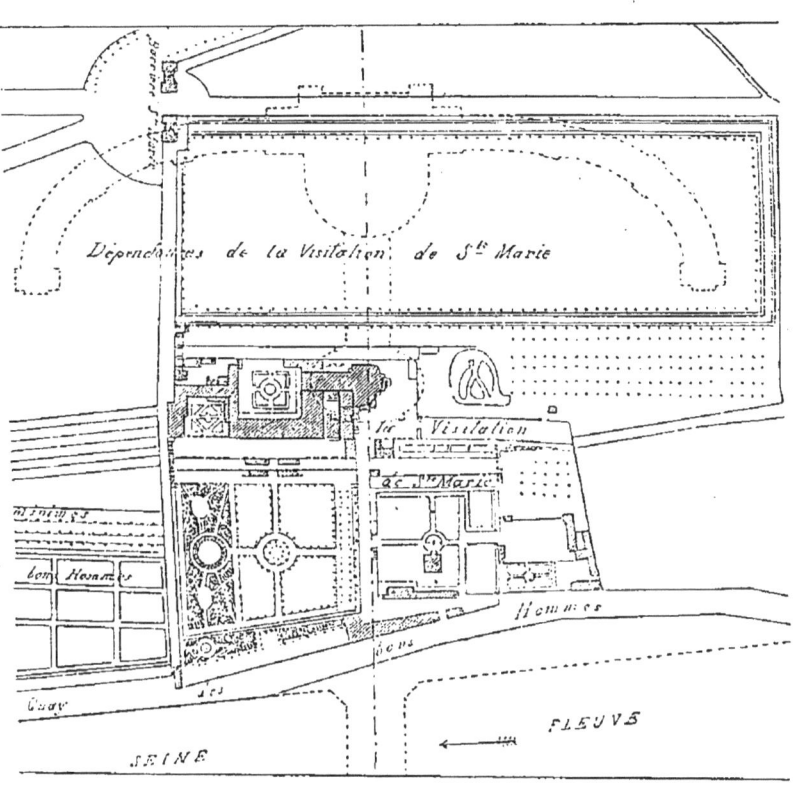

Fig. 4. — Plan du couvent des Dames de la Visitation, d'après Verniquet.

Chaillot; en effet, si les religieuses ont pu trouver de suffisants logis dans les bâtiments de Bassompierre, la chapelle, s'il en existait une, devait être insuffisante. Dans le plan (fig. 4) qui nous a été conservé par Verniquet, on comprend que la chapelle ait pu être ajustée après coup. Elle est établie à l'extrémité de l'aile en retour, et l'on s'explique que le sanctuaire, s'accusant à l'extérieur par un dôme, ait dû à son tour être construit plus tard, comme nous le verrons ci-après. Mansart a pu, conformément aux traditions monastiques, accoler aux bâtiments de Janin et de Bassompierre ce portique intérieur, formant cloître, qui est figuré au plan dont nous parlons; mais nous croyons que là s'arrêtent les travaux sérieux de cet architecte.

Bien que Henriette aimât plus cette humble maison que ses palais, suivant la propre expression de Bossuet, elle n'y est pas morte, mais elle voulut que sa dépouille y fût conservée. Aussi ce fut dans la chapelle même de François Mansart qu'elle apparut de nouveau le 16 novembre 1669, transfigurée par l'éloquence, en passant à la postérité sous la figure dont l'a revêtue son panégyriste.

Un grand orateur de la chaire venait d'être nommé à l'évêché de Condom; il voulait n'y plus remonter pour se consacrer tout entier à son devoir pastoral, lorsque Louis XIV le désigna pour prononcer l'éloge de cette reine, fille, femme et mère de rois, qui avait eu toutes les énergies d'un homme et tous les malheurs de l'épouse.

L'évêque obéit, et il parle, et, dès les premiers mots, l'auditoire est subjugué; quand il se tait, l'oraison funèbre est créée! Triomphe du génie, qui fait vivre tout ce qu'il touche, qui rend immortel tout ce qu'il loue, et qui possède toutes les libertés, car Bossuet n'a-t-il pas dit là, en pleine monarchie absolue, en présence de toute la cour et du frère du roi : « En donnant aux princes sa puissance, Dieu leur commande d'en user comme il le fait pour le bien du monde ; et il leur fait voir, en la retirant, que leur majesté est empruntée, et que, pour être assis sur le trône, ils n'en sont pas moins sous sa main et sous son autorité suprême. » Et il parle une heure durant dans cette langue que l'on sait, passant tour à tour de la politique à la religion et de la religion à l'histoire, prophétisant en quelque sorte, car il s'exprime en face d'une tribune qui n'est pas encore dressée, mais du haut de laquelle, cent vingt ans plus tard, le dernier roi de France viendra prêter serment à une constitution nouvelle, en présence d'une révolution qui se prépare.

Après la mort de Henriette, une nouvelle infortune vint essayer de trouver à Chaillot un abri contre les douleurs qui l'accablaient. Ce n'était cette fois ni une reine ni même une princesse, c'était une simple fille d'honneur, de famille noble, qui avait été aimée du grand roi, alors qu'il était dans tout l'éclat de sa jeunesse. Ce n'était pas une révolution qui amenait cette jeune femme à Chaillot, mais une émeute de cœurs. Mlle de La Vallière avait une rivale en la personne de Mme de Montespan ! Cette découverte fut-elle spontanée, nul ne le sait; ce qui est certain, c'est que le dépit de la femme, le chagrin de l'amante ou le remords de la chrétienne amena, le 11 février 1671, à six heures du matin, la belle délaissée chez les religieuses de Sainte-Marie de Chaillot. Elle se fait ouvrir les portes, se précipite aux pieds de l'abbesse, la prie de la recevoir et lui demande la permission d'écrire au roi sa détermination. Quelques heures après, le maréchal de Bellefond accourt à Chaillot, chargé de presser, de conjurer, de ramener. La duchesse refuse de le suivre et le charge de dire au roi qu'elle n'a pas trop du reste de sa vie pour s'occuper de son salut.

Le même jour, un second ambassadeur se fait recevoir au couvent. Cette fois, c'est Colbert; le maître envoie son premier ministre, qui, plus éloquent, plus pressant, ramène à Versailles la faible repentante. Le roi la reçoit, « pleure fort, dit Mme de Sévigné, tandis que Mme de Montespan allait au-devant d'elle, les bras ouverts et les larmes aux yeux. »

Cette comédie à trois personnages, qui avait duré douze heures à Chaillot et quelques heures à Versailles devant toute la cour, se continua encore trois années. Après ce temps, la pauvre La Vallière cédait définitivement la place à sa belle et spirituelle rivale, et devenait à tout jamais sœur Louise de la Miséricorde, non pas aux Visitandines de Chaillot, mais aux Carmélites du faubourg Saint-Jacques.

En 1704, l'église de la communauté fut considérablement augmentée, soit que l'étendue ne répondît pas aux besoins du culte, soit que la chapelle de François

Mansart ne fût plus en harmonie avec la richesse de la communauté; une annexe importante fut construite sous forme d'un chœur voûté, autant que l'on en peut juger sur le plan de Verniquet. La dépense d'une pareille construction fut faite par les époux Fremond, Nicolas Fremond, garde du trésor royal, et Geneviève Damond, sa femme, lesquels furent enterrés dans la nouvelle église, dont la porte principale, en dehors de l'ensemble des bâtiments cloîtrés, paraît avoir été du côté de la Seine, avec une entrée quasi publique, par la rampe à retour d'équerre dont l'accès était du côté du quai des Bons-Hommes. Il résulte de la lecture des ouvrages spéciaux du temps que le comble de la nouvelle église n'était pas sans exciter la critique. L'abbé Lebœuf, qui généralement est très-réservé sur l'appréciation des édifices, dit : « ... Ce comble n'a aucune proportion avec les autres bâtiments; il est d'autant plus choquant qu'on l'aperçoit de loin. » Germain Brice est encore plus vif, il le compare à un panier à mouches (?). La gravure de Lespinasse (fig. 3) nous montre en effet une chapelle carrée, très-importante comme proportions par rapport aux bâtiments voisins, laquelle est surmontée d'un comble, également carré, de la forme dite à la Mansart.

A part le grand événement historique de l'éloquence française, l'oraison funèbre de Henriette de France prononcée dans la chapelle de la communauté, et la fugue de Mlle de La Vallière, le couvent des Dames de la Visitation Sainte-Marie de Chaillot n'a pas d'histoire, et c'est là le plus bel éloge que l'on puisse faire d'un lieu de retraite et de prières. Un seul fait mérite d'être cité, car il touche à l'histoire de Paris. En acquérant le domaine de Bassompierre, la communauté prenait possession des droits de la seigneurie, et, par arrêt du parlement du 1ᵉʳ juillet 1651, les Visitandines étaient hautes justicières de Chaillot; mais on représenta à Louis XIV que, s'il lui plaisait d'ériger le village de Chaillot en faubourg de Paris, il augmenterait ses revenus en changeant la taille, qu'on imposait sur ce village, en droits d'entrée. Chaillot fut érigé en faubourg sous le nom de *Conférence,* par arrêt du conseil du mois de juillet 1689; toutefois le Roi voulut que ce lieu continuât d'être regardé comme village et que la taille n'en fût pas changée. Les maîtres et gardes-jurés des divers métiers de Paris n'acceptèrent pas cette décision, et attaquèrent les ouvriers et les marchands de Chaillot pour les obliger à prendre des lettres de maîtrise; la supérieure et les religieuses de la Visitation intervinrent alors, et, comme propriétaires de la moyenne et de la basse justice et engagistes de la haute, s'adressèrent au roi pour faire cesser ce trouble. Un nouvel arrêt du conseil intervint en 1707, qui déclara qu'en érigeant le village de Chaillot en faubourg de Paris, Sa Majesté n'avait pas prétendu assujettir les habitants aux charges et statuts des communautés des arts et métiers, et qu'en conséquence il fut défendu aux gardes et maîtres jurés de ces communautés de les troubler à l'avenir dans l'exercice de leur profession. Chaillot eut donc, grâce à la protection des Dames Visitandines, une situation exceptionnelle. C'était un faubourg de Paris et en même temps un village avec ses libertés commerciales relatives.

Dans les travaux exécutés dernièrement au Trocadéro, la présence de vastes carrières sous le sol s'est révélée. Cette situation était connue du service des carrières sous Paris; elle avait fait même l'objet de plans dressés au commencement de ce siècle : le plan de Verniquet seul, par sa précision et son exactitude, pouvait faire mention de ce détail. Effectivement, il indique des orifices par lesquels on pénétrait dans ces cavités sous le sol; mais ces orifices sont en dehors de la limite du terrain dont nous nous occupons.

A quelle époque ces carrières furent-elles exploitées ? Un seul fait se rattache à leur présence et mérite d'être rapporté; c'est une anecdote que nous tirons, cette fois encore, de Tallemant des Réaux.

Mlle de Rambouillet, la célèbre Julie, que sa beauté et sa haute intelligence avaient placée au premier rang de la société d'alors, comme elle continua de l'être à la cour de Louis XIV, venait de céder à la constance de M. de Montosier et consentait à l'épouser; le mariage devait se faire à Rueil, et les invitations avaient été lancées. La marquise de Sablé, une des habituées de l'hôtel de Rambouillet, fut étonnée de ne pas y être conviée. Or, la marquise était d'une corpulence exceptionnelle et peu ingambe; elle se plaignit à la future duchesse de

Montosier, la belle princesse, de cet oubli, et, comme dit Tallemant, elle eut une querelle pour cette noce. Mlle de Rambouillet « jurait qu'elle lui avait dit que ce serait une incivilité de luy donner la peine de faire six lieues, à elle qui estait quasy toujours sur son lit et qui n'estait pas autrement *portative*. Ce fut ce mot qui la choqua le plus. La marquise, irritée, quoyqu'on l'eust reconviée après, n'en voulut point ouyr parler, et, pour monstrer qu'elle estait aussi *portative* qu'une autre, elle monte en carrose, en dessin d'aller voltiger et se faire voir autour de Rueil. Pour cela une demoiselle à elle, appelée La Morinière, à qui elle avait fait apprendre à connaistre les vents, regarde bien la girouette, et, après lui avoir asseuré qu'il n'y avait point d'orage à craindre, on part; mais elle ne fut pas plus tôt au delà du pont de Neuilly que voilà tout le ciel brillant d'éclairs. La frayeur la prend, elle fait toucher Paris, et, le tonnerre étant assez fort, quoyqu'elle eust une grosse bourse de reliques, *elle se cache dans les carrières de Chaillot* avec protestation de ne songer plus à se venger. A quelques jours de là, la paix se fit. »

Pendant que les compagnes de Henriette de France passaient leurs jours dans la résidence dont nous avons décrit les transformations, de l'autre côté de la Seine une modification importante s'opérait. Le grand espace qui séparait Grenelle de Paris, et qui était vraisemblablement occupé par des terrains incultes, venait d'être acquis pour l'établissement d'un Champ de Mars et d'une

École militaire. Le roi Louis XV avait ordonné cet établissement d'instruction, et Jacques-Ange Gabriel avait été chargé de dresser les plans de l'École et de ses annexes. L'École fut longue à construire, car l'œuvre était colossale. Pendant ce temps, les cultures maraîchères qui formaient les horizons du couvent en face de la Seine disparaissaient peu à peu, et un vaste espace se nivelait sous les yeux des sœurs. Les plus clairvoyantes d'entre elles auraient pu, de la fenêtre de leur cellule, voir dans cette transformation inattendue le présage d'événements solennels et y entrevoir le théâtre que la monarchie au déclin préparait pour les représentations d'une révolution à son aurore ; mais, ignorantes des agitations de la France, elles vivaient dans une atmosphère recueillie, dégagées des bruits extérieurs ; la Providence épargna à leurs béates contemplations le spectacle, qui eût été incompris pour elles, du champ de la Fédération ; car, quelques mois avant le 14 juillet 1790, le couvent des Visitandines était supprimé, et les religieuses étaient dispersées.

Pendant la tourmente révolutionnaire, les tombes royales du couvent des Visitandines furent violées, les œuvres d'art, qui étaient contenues dans la chapelle et que Piganiol de la Force décrit complaisamment, furent enlevées et les bâtiments employés à divers usages au service de la nation ; ils ne furent démolis que pour donner place au projet gigantesque de Napoléon.

III

Palais du roi de Rome. — Prise du Trocadéro. — Le Trocadéro en 1867.

Percier et Fontaine, les architectes de l'empereur, nous ont laissé un récit très-curieux des projets de leur maître touchant les hauteurs de Chaillot.

L'empereur les avait chargés de trouver à Lyon un emplacement digne de lui élever un palais; mais les difficultés de trouver dans cette ville un sol qui ne fût ni sujet aux inondations ni malsain, les ayant rejetés sur la montagne de Sainte-Foi, firent longuement discuter le projet. D'autre part, les événements politiques, qui se précipitaient, avaient fait abandonner Lyon comme centre du gouvernement impérial; c'est alors que les deux artistes proposèrent un emplacement à Paris. « ... Nous proposâmes en échange un autre lieu aux portes de Paris dans la plus belle exposition connue, la montagne de Chaillot, en face de l'École militaire, et bientôt, après quelques légères hésitations, notre proposition fut agréée. Les maisons, les terrains nécessaires ont été de suite achetés sur estimations faites à l'amiable, non sans difficultés de la part des vendeurs, avec lesquels il était ordonné de traiter comme auraient fait des particuliers entre eux. » Comme on le voit, d'après

e texte de Percier et Fontaine[1], il semblerait que tous
es terrains furent acquis; cependant la totalité de l'ancien couvent de la Visitation n'avait pas été aliénée, et il
ne s'agissait pour le moment que d'équarrir le sol nécessaire à l'exécution du projet de l'empereur, il est
probable qu'à cette époque fut acquise la parcelle située
entre la ruelle Sainte-Marie et le quai des Bons-Hommes,
d'une part, le couvent et la ruelle d'Héricourt, d'autre
part; terrain sur lequel, dès 1777, on voit sur la gravure de l'Espinasse des constructions élevées (fig. 3)[2].

Le palais dont Percier et Fontaine avaient ordre de
poursuivre l'exécution, avait une étendue de 430 mètres
de large en façade sur le quai de Billy, c'est-à-dire exac-

1. M. de Bausset, dans ses *Mémoires anecdotiques sur l'Intérieur du Palais,* confirme, à très-peu de chose près, le récit de Percier et Fontaine; seulement il dit : « MM. David et Fontaine. » Nous supposons qu'il y a confusion de noms ; la modestie de M. Percier l'avait toujours un peu tenu à l'écart, mais il n'y a pas lieu de s'arrêter à la pensée de voir le peintre du sacre, L. David, introduit dans cette affaire.

2. Comme on peut le voir sur le plan d'ensemble de l'ancien cou-
vent des Dames Sainte-Marie, d'après Verniquet (fig. 4), on a dû annexer à l'ancien domaine de Chaillot une partie du couvent des Bons-Hommes pour réaliser le projet du palais du roi de Rome. Ce couvent avait été fondé au xvᵉ siècle, du vivant de saint François de Paule, par les religieux *minimes* qui s'établirent à Chaillot en mitoyenneté avec le domaine de Philippe de Commines. On les appelait *Bons Hommes* parce qu'ils étaient doux et humbles de cœur. Les protecteurs de ce couvent furent Anne de Bretagne, Henri III, l'évêque Pierre de Gondi, le cardinal de Rohan, le marquis de Senneterre, le président Dorieux.

La communauté fut supprimée à la Révolution, et les bâtiments furent longtemps affectés à une usine.

tement les dimensions du palais actuel du Trocadéro. Il se composait de deux corps de bâtiments en aile, renfermant les écuries; en arrière-plan, une cour elliptique précédait le palais proprement dit, dont la largeur n'était que de 140 mètres. On montait au niveau de la cour à l'aide de rampes et d'escaliers parallèles au quai. Cette disposition était assez malheureuse, car elle avait l'inconvénient de placer l'habitation proprement dite au fond d'une série de bâtiments se retraitant; de sorte que la vue des appartements aurait pu s'étendre sur le Champ de Mars, mais elle eût été bornée latéralement par les portiques et les écuries, qui auraient obstrué le spectacle du fleuve en aval et en amont. Toute la plaine de Passy, peu construite à cette époque et située derrière le palais, devait être transformée en parc, et le bois de Boulogne, réuni à cette plaine, devait en être le complément.

Le château de la Petite-Muette, englobé dans le palais, en devenait la vénerie, et de vastes constructions entre le parc et le bois, contenaient une faisanderie et une ménagerie impériales. Les parterres entourant le palais étaient joints à l'avenue de Neuilly, à l'Arc de Triomphe et à la grande route de Saint-Germain par de vastes avenues rectilignes plantées d'arbres.

De l'autre côté de la Seine, le Champ de Mars et l'École militaire étaient complétés par deux casernes, cavalerie et infanterie, un hôpital militaire et un palais d'archives, symétriquement placés aux angles du champ de manœuvres; tandis que, latéralement aux bâtiments de Gabriel, on avait disposé des édifices pour les écoles d'art et d'industrie. L'Université elle-même avait sa place dans ce projet, dont le coteau de Chaillot avait été la raison d'être.

Cet ensemble était grand, majestueux, digne d'un souverain comme Napoléon; mais il fallait du temps pour le réaliser, et les événements marchaient plus vite que ces œuvres de patience et de paix qu'on appelle des édifices. La désastreuse campagne de Moscou vint tout suspendre. Le palais que Napoléon avait placé sous l'invocation de son fils, en lui donnant le nom de palais du roi de Rome, était à peine aux fondations, lorsque l'ordre fut donné aux architectes de restreindre les dépenses et aux ministres de réserver une partie des crédits ouverts, pour faire face à de nouveaux combats. Ce ne fut que l'année suivante, en 1813, après la défaite de Leipzig, que les constructions de Chaillot, le palais d'un souverain devint... « un petit Sans-Souci, une retraite de convalescent; » en s'exprimant ainsi, Napoléon, après les deux revers consécutifs qu'il venait d'éprouver, voulut probablement trouver dans le sort de Frédéric le Grand, quoique bien différent, quelque chose d'analogue au sien [1].

Mais les projets du Sans-Souci de Napoléon étaient à peine achevés et approuvés, les travaux de terrasse-

---

1. Percier et Fontaines, *Résidence des souverains*, p. 17.

ment repris, que la prise de Paris, l'abdication de l'empereur et son exil à l'île d'Elbe mirent fin à toutes les illusions et à toutes les espérances. Pendant les Cent-Jours, quelques ouvriers furent occupés à continuer les terrassements et les fouilles du palais, mais, comme le disent Percier et Fontaine, il leur fut impossible de retrouver « les illusions du rêve qui venait de finir ».

Le gouvernement de la Restauration ne devait pas reprendre les travaux du palais projeté. Les Tuileries devaient suffire à ce gouvernement traditionnel; là où Louis XIV avait habité pouvait vivre Louis XVIII, mais une fête nationale vint, en 1826, ramener l'attention sur le coteau de Chaillot et lui donner le nom qu'il porte aujourd'hui, celui de Trocadéro.

Le gouvernement avait décidé que l'ancien emplacement du palais du roi de Rome serait affecté à une caserne. Cet édifice était l'un des plus importants que la Restauration eût encore entrepris. Il fut arrêté que la pose de la première pierre se ferait solennellement. On fixa un programme : il consistait dans la cérémonie principale, précédée du simulacre du combat de la prise du fort de Cadix, appelé Trocadéro, et dont la reddition avait mis fin, d'une façon glorieuse pour nos armes, à la campagne d'Espagne. On choisit pour date de cette fête guerrière le troisième anniversaire de la prise du Trocadéro par le duc d'Angoulême, c'est-à-dire le 31 août 1826.

Sur l'endroit où devait être posée la première pierre,

LE PALAIS DU TROCADÉRO

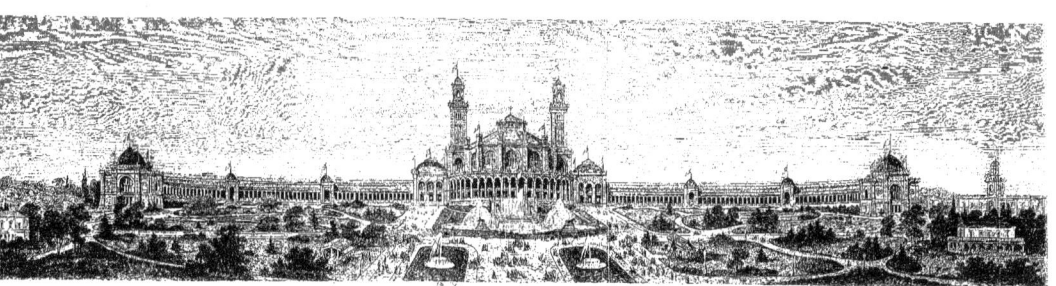

Fig. 8. — Vue générale du Palais, côté du jardin.

c'est-à-dire au sommet de la seconde terrasse, on avait élevé un arc de triomphe de cent pieds de hauteur. Des bas-reliefs y simulaient les actes importants de la vie du duc d'Angoulême; cinq figures y représentaient les principales villes d'Espagne, et deux trophées et un quadrige, portant la France entre deux Renommées, couronnaient le monument.

Le dauphin et la dauphine, les ministres, le corps diplomatique, les principaux fonctionnaires de la cour et du gouvernement avaient été placés sous des tentes disposées sur des tertres élevés à droite et à gauche de l'emplacement de la caserne. Le Champ de Mars avait été préparé pour y recevoir les invités privilégiés et toute la population de Paris, qui pouvait être contenue dans son développement.

A neuf heures, le simulacre du combat commença, et dix bataillons de la garde royale firent un feu de mousqueterie, soutenus par des pièces de canon. D'autres bataillons, postés sur la rive opposée et appuyés également par de l'artillerie, répondirent à ce feu; après un quart d'heure d'engagement, les assaillants, formés en colonnes d'attaque, eurent traversé le pont et enlevé les quais de la rive droite.

C'est après ce simulacre de combat que le dauphin et la dauphine posèrent la première pierre de la caserne, avec l'accompagnement obligé de feux de Bengale et de feux d'artifice.

En 1830, la caserne n'était pas bâtie, mais le nom de

Trocadéro, qui avait été donné au coteau de Chaillot, fut maintenu par le gouvernement de juillet. Il est à remarquer, d'ailleurs, que le peuple parisien conserve volontiers, à ses voies publiques, le nom d'un fait d'armes; celui de la campagne de 1823 aura passé cinq ou six gouvernements sans avoir subi aucune atteinte.

Les rampes de Chaillot, ou plutôt du Trocadéro, telles que les avaient faites le palais inachevé du roi de Rome et la caserne interrompue des Bourbons, furent maintenues pendant longtemps dans un état de ruine pittoresque que la nature s'était chargée d'embellir par de vigoureuses végétations. Les contemporains se souviennent de ce plateau élevé, situé entre la barrière Sainte-Marie et la barrière Franklin, auquel on parvenait par des escaliers bordant le nouveau chemin de Passy, celui qu'on avait percé dans le chemin de ronde, côté nord de l'ancien couvent des Bons-Hommes. On se souvient également de ces matériaux abandonnés, de ces murs à moitié démolis portant encore quelques restes des constructions de Bassompierre et de Mansart pour les dépendances du couvent de Chaillot, et de ces épures tracées sur les murs du chemin de ronde par les ouvriers qui se disposaient à tailler la pierre, pour édifier les constructions du palais d'un souverain. L'histoire de ce coin de Paris pouvait se résumer dans ce spectacle : des ruines et des projets ; quelque chose avait été, et la volonté, le temps ou la sécurité avaient empêché que quelque chose ne fût. Mais le second Empire vint, et avec lui la transformation de Paris, œuvre gigantesque qui sera l'honneur de l'administration municipale de cette époque.

L'annexion des faubourgs de Paris à la capitale était dans l'esprit général et décidée depuis longtemps; on avait compris que le beau quartier de Passy était séparé par une zone inhabitée qui devenait un obstacle à son développement. Tout le monde comprenait qu'en face de cette splendide salle de réunion populaire, ayant pour voûte le ciel, qu'on appelle le Champ de Mars, il manquait une *scène*, et l'administration fit étudier des projets pour créer vis-à-vis de l'ancien Champ de la Fédération un autre espace découvert permettant aux habitants d'une ville comme Paris de devenir tour à tour acteurs ou spectateurs dans les fêtes nationales. On résolut donc, dès 1856, de transformer les ruines de Chaillot en amphithéâtre d'une pente régulière, du quai à l'ancienne barrière de Longchamps, et d'étendre la place projetée non-seulement à toute la surface acquise pour le palais du roi de Rome, mais à la largeur même du Champ de Mars. Le rond-point de la place du Roi-de-Rome fut tracé, ainsi que les avenues de l'Empereur, d'Iéna, du Roi-de-Rome et de Malakoff. Seul le cimetière de Passy était un obstacle, car il constituait une zone de terrain que l'expropriation ne peut toucher et que le temps seul peut permettre de transformer. Les projets de 1856 ne consistaient pas seulement dans la création d'une place, ils comportaient l'érection d'un monument à la gloire de la jeune armée d'Italie, celle qui venait de remporter les victoires de Solférino et de Magenta ; une colonne monumentale devait y être élevée, dont les dimensions eussent surpassé tout ce qu'on avait fait de plus grand jusqu'ici ; au pied de ce monument, une abondante fontaine et une vaste cascade devaient transformer l'ancien coteau de Chaillot, y permettre des ombrages et y entretenir de la verdure et la fraîcheur.

Nous ignorons à quelle circonstance ce projet dut de ne pas être suivi d'exécution ; mais, en 1865, une Exposition universelle venant d'être décrétée, et le Champ de Mars ayant été choisi comme terrain d'exhibition, l'administration municipale d'alors, à la tête de laquelle le baron Haussmann était encore, comprit que les deux opérations, celle de la construction d'un palais de l'industrie dans la plaine militaire et l'abaissement des buttes de Chaillot, pouvaient se prêter un mutuel secours ; il y avait, en effet, d'un côté, de vastes remblais à faire pour niveler convenablement le Champ de Mars, et, d'autre part, une masse considérable de terres à enlever et à replacer dans un lieu voisin. En conséquence, des rails furent établis sur le pont d'Iéna, et la terre du jardin des Visitandines, les débris des murs de leur couvent furent transportés par la vapeur sur l'ancien sol du Champ de la Fédération ; peu à peu, les projets des ingénieurs apparurent, et l'on vit surgir, au moment de l'Exposition, de grands parterres de verdure, bordés de fleurs, ayant dans la partie haute la forme

LE COTEAU DE CHAILLOT.   31

d'un éventail coupé au milieu par un grand perron en

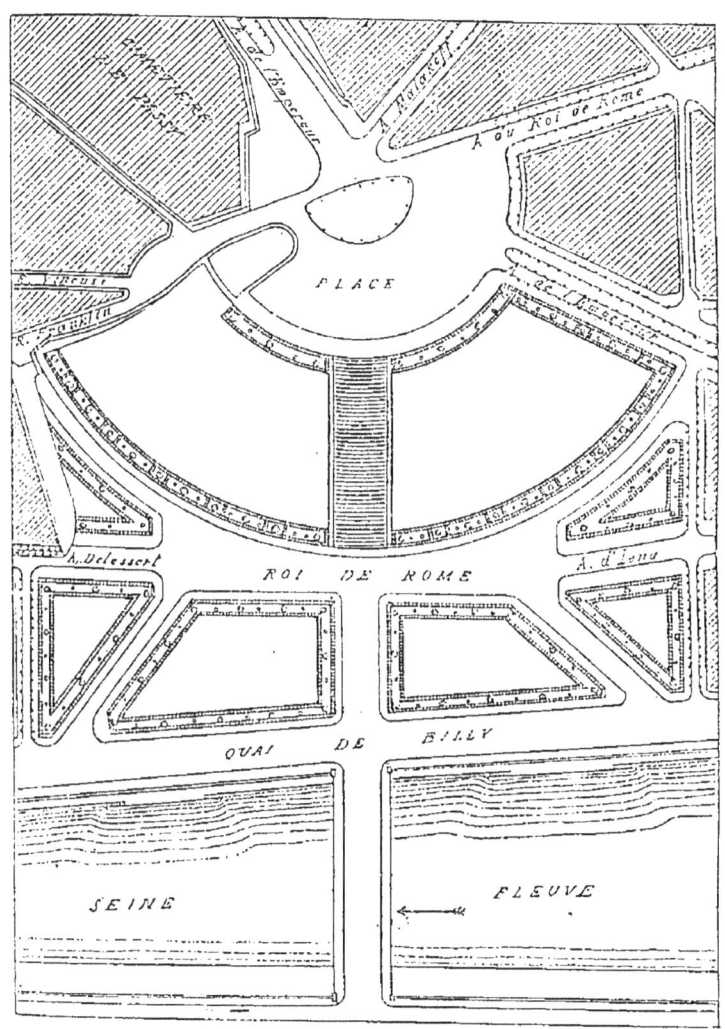

Fig. 5. — Le Trocadéro en 1867.

marches de granit (fig. 5), conduisant à la place du Roi-de-Rome. Les parterres inférieurs, ceux près du quai avaient leurs contours déterminés par des avenues et des voies carrossables, destinées à rendre commode l'accès du seizième arrondissement; malheureusement, si les promeneurs franchissant le sommet du coteau jouissaient d'un beau point de vue, puisqu'ils dominaient le cours du fleuve, l'aspect du Trocadéro, pris du pont d'Iéna, était sans charmes; de vastes parterres, bien entretenus de fleurs et de candélabres, terminés par un horizon de masures et par les murs d'un cimetière aux arbres verts significatifs, ne pouvaient constituer un élément d'attraction. Aussi, le Champ de Mars ayant de nouveau été choisi pour l'emplacement de la troisième Exposition universelle, le programme du concours de mai 1876 comporta-t-il l'utilisation du Trocadéro et l'étude de constructions capables de compléter la décoration de cette partie de la capitale.

Fig. 6. — Mascaron de la cascade.
(Modèle de M. Legrain.)

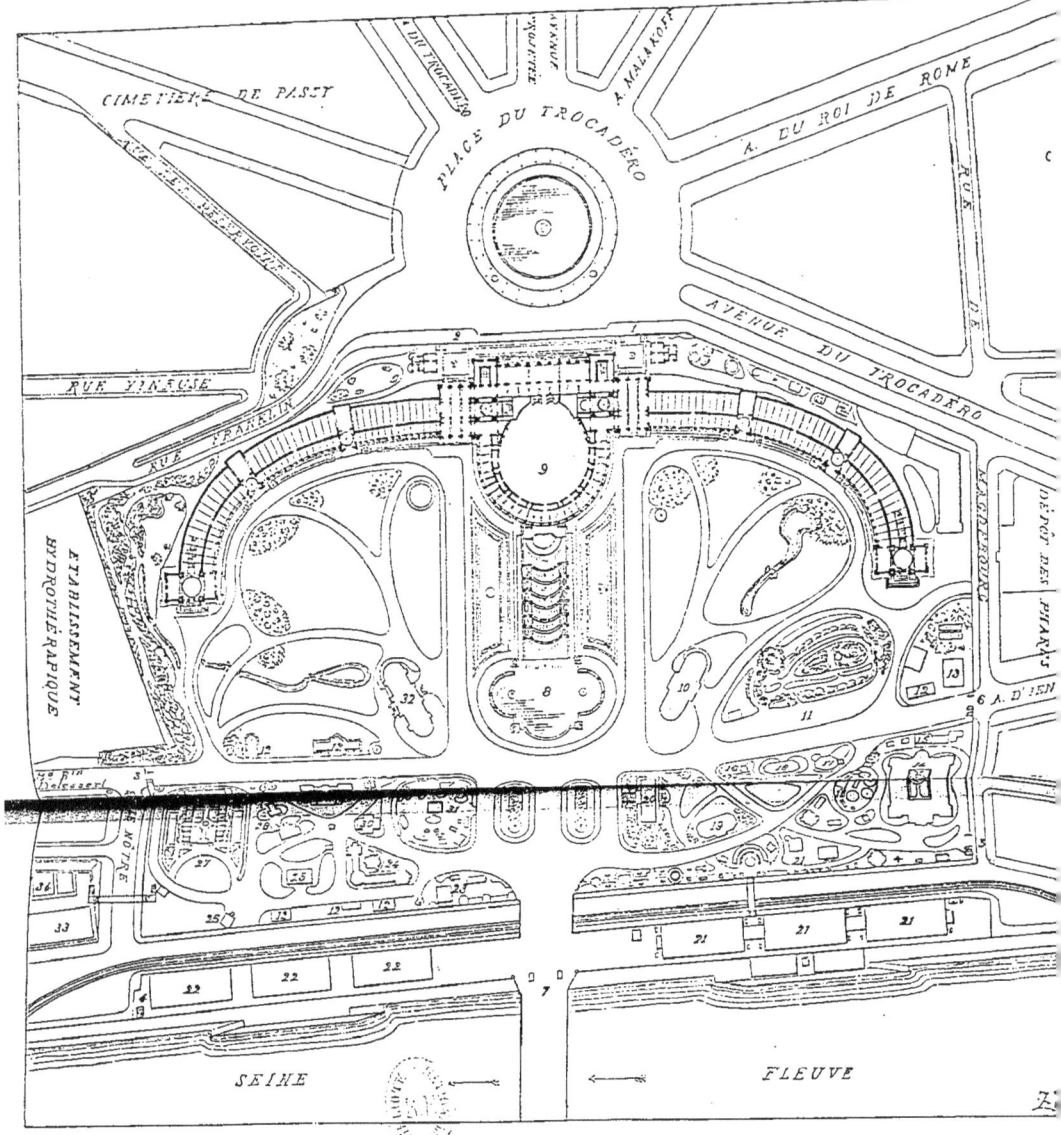

Fig. 7. — Plan général du Trocadéro, en 1878.

Legende :

1. Porte du Trocadéro, n° 1.
2. id.   n° 2.
3. Porte B. Delessert.
4. Porte de Passy.
5. Porte de Chaillot.
6. Porte d'Iéna.
7. Pont d'Iéna.
8. Grande cascade.
9. Salle des Fêtes.
10. Restaurant français.
11. Aquarium d'eau douce.
12. Serres.
13. Police ; pompiers.
14. Pavillon de l'Algérie.
15. Exposition algérienne.
     Administration des forêts.
16.   — Pavillon des gardes.
17.   — Météorologie.
18.   — Bacologie.
19.   — Insectes.
20.   — Pavillon d'Exposition.
21. Exposition de la classe 66.
22.   id   64.
23. Maroc.
24. Tunisie.
25. Perse.
26. Siam.
27. Chine.
28. Norvège.
29. Égypte.
30. Suède.
31. Japon.
32. Restaurant espagnol.
33. Anthropologie.
34. Exposition du Champ d'expériences de Vincennes.

LE NOUVEAU PALAIS

I

ASPECT GÉNÉRAL.

Le terrain sur lequel sont situés le palais du Trocadéro, ses annexes et son jardin est borné au sud-est et du côté de la Seine par le quai de Billy, au nord-est par la rue de Magdebourg, au sud-ouest par la rue Le Nôtre et l'établissement hydrothérapique du docteur Fleury ; enfin, sa délimitation nord-ouest représente une ligne brisée au centre de la place du Trocadéro[1], dont les deux parties rectilignes forment entre elles un angle de 130 degrés (fig. 7).

Le programme du concours, qui a précédé la rédaction définitive du projet, demandait aux concurrents une salle de concerts et de réunions publiques, entourée de portiques ou galeries. Le programme verbal qui a été donné aux architectes, lors de l'étude du projet définitif, indiquait en plus deux vestibules entre la place du Trocadéro et les jardins intérieurs, avec salles de conférences au-dessus. Les architectes ont donc dû

[1]. L'ancienne place du Roi-de-Rome.

ajouter à leur composition primitive ces vestibules et ces salles de conférences, le surplus restant le même dans son ensemble.

Quand on est placé au milieu du pont d'Iéna, ou mieux encore au milieu du vestibule du palais du Champ de Mars, et qu'on fait abstraction des constructions temporaires qui bordent le quai et s'interposent entre le spectateur et l'ancien coteau de Chaillot, on voit (fig. 8) au centre une vaste salle, dont la forme intérieure circulaire s'accentue nettement au dehors. Neuf grandes fenêtres plein-cintre l'éclairent; elles sont séparées par des tourelles, contre-forts carrés, qui accusent vigoureusement l'ossature de la construction. Au-dessous de ces grandes fenêtres, un portique à deux étages, couronné de statues, fait saillie, formant une terrasse élevée accessible au public. Mais ce qui frappe particulièrement le spectateur, du point de vue où nous le supposons placé, ce sont les deux tours qui flanquent la salle de chaque côté, portant à leur sommet un belvédère monumental, surmonté d'un dôme doré. Ces tours élevées, souvenirs de la Giralda et de la tour du Palais-Vieux à Florence, montrent au loin dans Paris et hors Paris les bâtiments de l'Exposition universelle; semblables aux clochers qui appellent le chrétien dans les temples, aux minarets qui annoncent la prière en Orient et aux beffrois qui jadis assemblaient les citoyens sur la place publique, ils provoquent la foule au spectacle de la lutte pacifique des nations.

LE NOUVEAU PALAIS. 35

Si, de ces sommets, l'œil redescend, il trouve au pied des tours un pavillon à deux étages dont les silhouettes le conduisent insensiblement jusqu'à la grande ligne du sommet des galeries latérales. Ces pavillons contiennent : au rez-de-chaussée, les vestibules et, au premier étage, les salles de conférences.

Au flanc de ces constructions s'attachent les galeries d'exposition; elles sont doublées, du côté du Champ de Mars, d'un portique dont la longueur n'est pas moindre de 200 mètres de chaque côté. Ces galeries en aile ont une forme courbe concave, motivée par l'alignement des voies publiques qu'elles longent en partie; elles sont courbes également par une raison d'un ordre esthétique : on a voulu qu'elles enveloppassent le rayon visuel, en opposant leur forme creuse à la forme saillante de la salle centrale. On a pensé, enfin, qu'il était bon que le champ de l'Exposition, d'une étendue de plus de trois kilomètres en longueur, fût borné à son horizon, comme au théâtre le regard du spectateur est borné par la toile de fond.

Certaines personnes auraient désiré restreindre les constructions du Trocadéro uniquement à la salle des fêtes, et laisser voir, du pont d'Iéna, les voies publiques qui mènent à la place du Trocadéro. Nous ne saurions partager cette opinion. Sans doute, il eût été plus agréable pour les promeneurs qui gravissent en voiture la pente des avenues qui conduisent à cette place, de jouir de la vue de Paris et des coteaux de Meudon, sans quitter leur confortable véhicule; mais, en revanche, quel horizon incomplet eût été, cette fois encore, offert aux spectateurs de l'Exposition universelle! On se souvient des hauteurs de Chaillot en 1867. Cette solitude était bornée au sommet par des maisons sans art et sans forme, situées à gauche, par des arbres d'alignement plantés à droite, et, vers le centre, par les cyprès du cimetière de Passy. Il fallait cacher tout cela, ne pas laisser indéfiniment l'horizon du Champ de Mars se perdre dans l'immensité des terrains à vendre, le spectacle des constructions de spéculation ou la triste végétation des tombes; il convenait, en un mot, de créer une limite monumentale au regard, et de ne pas craindre de le borner, de bas en haut, afin de lui mieux faire mesurer l'étendue. La difficulté du problème consistait à couvrir de constructions le sommet du coteau de Chaillot, sans supprimer cet admirable point de vue de l'ancienne avenue de l'Empereur et de la place du Roi-de-Rome, qui constitue un grand attrait pour le promeneur parisien. Qu'a-t-on fait pour y parvenir? On a simplement reporté la promenade de cette avenue et de cette place à l'intérieur même des constructions créées, et établi sous des portiques et des galeries, à l'abri des ardeurs du soleil, des rafales du vent et même de la pluie, un plain-pied de plus d'un demi-kilomètre, partant de l'extrémité d'une des ailes pour joindre l'extrémité de l'autre aile, en pourtournant la rotondité de la salle des fêtes. Ces galeries courbes, tantôt concentrant la vue, tantôt l'épanouissant, procurent à l'étranger un de ces spectacles qu'il ne peut oublier.

Du portique de l'aile gauche, il voit Paris, le dôme élégant de Saint-Augustin; la butte Montmartre, qui attend son église du Sacré-Cœur; l'Opéra avec sa masse imposante et monumentale; plus loin, le Louvre et les Tuileries avec ses deux pavillons de Flore et de Marsan, encadrant tristement les ruines du palais; au-dessus, les hauteurs de Belleville, puis, la vieille tour Saint-Jacques, Sainte-Clotilde aux flèches élancées, Notre-Dame avec sa grande austérité de lignes, Saint-Sulpice, le Panthéon de Soufflot, l'église des Invalides avec sa carapace d'or; au fond, le dôme du Val-de-Grâce, écho du dôme de Saint-Pierre. Revenant vers le centre, le promeneur a devant lui le Champ de Mars avec son palais de fer et de cristal, couronné de ses drapeaux, entouré de ses milliers de petites constructions de forme, de style, de couleurs et de goûts différents; plus près, la foule, noire et grouillante. S'il se reporte vers le portique de droite, il a devant lui : Grenelle avec sa forêt de cheminées d'usines, aux panacher flamboyants; plus loin, Issy, Meudon, Sèvres et Saint-Cloud, avec leurs gracieuses villas, au milieu d'une végétation luxuriante; il devine le viaduc du Val-Fleury et voit, au second plan, le splendide pont du Point-du-Jour.

Mais ce n'est pas encore assez pour charmer le spectateur et l'artiste : le fleuve qui traverse Paris, coule de l'est à l'ouest, au milieu de cette forêt de dômes, de flèches, de monuments et d'habitations de toutes sortes; descendant des sommets de la Bourgogne, il vient baigner le pied du Trocadéro, se courbant gracieusement pour montrer ses ponts longés de tramways, ses quais ombragés de grands arbres, ses rives fleuries par les Champs-Élysées et l'esplanade des Invalides, ses eaux animées par de nombreux bateaux à vapeur, ses abords, enfin, sillonnés de voitures et couverts d'une foule qui se presse, se bouscule et s'agite.

Quand on a joui de ce spectacle, on comprend mieux le palais du Trocadéro, on s'explique la vaste salle des fêtes, couronnée d'une Renommée aux ailes déployées qui lui donne sa signification réelle et symbolique. On se rend compte de l'utilité de ces deux bras de pierre, semblant attirer dans un mouvement humain toutes ces populations intelligentes qui s'intéressent aux œuvres de l'art, de la science et de l'industrie. On jouit de cette cascade aux grandes et larges proportions, aux eaux transparentes et réglées, images de l'abondance et de la richesse. On comprend, enfin, cette animation des jets d'eau qui s'élancent, des bouquets qui s'épanouissent et des nappes qui retombent. Le bruit qui en résulte accompagne harmonieusement celui de la foule et, si le soleil veut bien projeter ses rayons sur tout l'ensemble, si quelques zéphirs viennent se jouer dans ces eaux, le Champ de Mars ou le Trocadéro, suivant le lieu où l'on se place, apparaîtront dans un nuage irisé, enveloppés par

Fig. 9. — Coupe sur le grand axe de la salle des fêtes et de ses annexes.

un lumineux arc-en-ciel, symbole de paix, de concorde et d'espérance !...

Nous allons successivement décrire les diverses parties du palais, la salle, ses dépendances, les tours, les vestibules, les galeries d'exposition, les pavillons de tête, enfin la cascade. Nous promènerons le lecteur dans chacune des parties de ce vaste ensemble en lui réservant, pour une autre partie, l'examen et l'étude des points qui offrent un intérêt plus technique.

II

DISPOSITION GÉNÉRALE DE LA SALLE DES FÊTES.

La salle du Trocadéro ne procède rigoureusement d'aucune des salles connues que nous sachions : les théâtres antiques, comme nous le deloppons plus loin, sont des espaces demi-circulaires avec un *proscenium*, ou scène, sur le grand diamètre; les amphitéâtres ont une forme elliptique avec des gradins au pourtour; les cirques sont des enceintes immenses, enfermées entre deux lignes parallèles, fermées à leurs extrémités par des parties curvilignes; tous ces édifices n'étaient d'ailleurs couverts que par des *velums* ou étoffes tendues. Les salles de spectacle modernes ont une forme circulaire plus ou moins allongée dont la scène occupe une extrémitée, le vide existe derrière le rideau pour les nécessités de la décoration et de la mise en scène.

La salle du Trocadéro est établie, au contraire, sur un tracé qui, fait sur le sol, aurait la forme d'un œuf, la pointe de l'œuf étant réservée à l'orchestre, tandis que tout le surplus est destiné aux spectateurs. Disons toutefois que la partie de l'orchestre est séparée de la partie réservée au public par un léger décrochement de murs, qui s'accentue dans la partie supérieure, en constituant une surface verticale, importance résultant de la différence de hauteur entre la conque qui couronne l'orchestre et la voûte qui couvre le surplus.

Comment est voûté l'orchestre? Pourquoi la salle affecte-t-elle cette forme ovoïde? Pourquoi la partie où se fait l'émission du son n'est-elle pas, comme à la grande salle d'Albert-Hall de Londres, enveloppée sous la voûte même qui couvre l'ensemble? Autant de questions qui seront examinées dans le chapitre réservé à *l'Acoustique*. Nous nous bornons pour le moment à décrire sans donner de raisons.

Étant donc admis : le tracé sur le sol d'un ovoïde et les murs montés verticalement jusqu'à la hauteur des voûtes, on observe que la salle est éclairée par neuf baies cintrées de sept mètres de largeur par huit mètres de hauteur (fig. 9). On comprend qu'une pareille dimension de fenêtre n'aurait pu permettre, soit des menuiseries pour maintenir les vitres, soit des ferrures dont les dilatations eussent amené des désordres dans la vitrerie; aussi, elles sont garnies de *meneaux de pierre,* c'est-à-dire de supports verticaux reliés entre eux par des arcs, de façon à constituer une sorte de réseau non susceptible de dilatation, et constituant des espaces vides, de dimensions raisonnables, pouvant être vitrés.

Au-dessous de chacune des neuf grandes baies qui éclairent la salle, est ajustée une tribune dont la face est percée de quatre baies en arc, supportées par des colonnes isolées.

Les spectateurs qui doivent trouver place dans cette enceinte, ne sont pas superposés comme dans nos théâtres modernes et placés dans des loges ou galeries suspendues aux murs. Depuis le bas jusqu'au sommet de l'édifice, ils sont assis suivant le mode antique, c'est-à-dire sur un système de gradins en amphithéâtre pourtournant les murs de la salle. L'espace curviligne, circonscrit par le pied des gradins correspondant à l'*arène* des amphithéâtres antiques, est occupé par une série de places disposées sur un sol *vallonné,* de façon à bien dégager la scène pour le spectateur, au fur et à mesure qu'il s'éloigne de cette dernière : ces places constituent le *parquet.* D'autre part, comme les usages modernes s'accommoderaient peu d'une salle dans laquelle il n'y aurait pas de loges, il a fallu trouver un certain nombre de ces places exceptionnelles. On a résolu le problème en plaçant des loges au pourtour du pied des gradins, dans cette partie verticale correspondant au *Podium* des théâtres antiques; on a pu trouver ainsi 42 loges fermées et, au-dessus, 50 loges découvertes prises aux dépens des premiers rangs des gradins.

Cette disposition est nouvelle, elle place ainsi les spectateurs privilégiés à une distance très-raisonnable de la scène et dans des conditions acoustiques et visuelles excellentes.

Pour pénétrer dans les quatre natures de places que nous venons d'indiquer : parquet, loges, amphithéâtre, tribunes, s'y installer et en sortir commodément et rapidement, on a disposé dans la rotondité de la salle dix-sept portes à rez-de-chaussée, sans compter celles du premier étage dont chacune a une fonction spéciale. Les unes servent exclusivement à l'entrée du parquet, d'autres au service des loges, d'autres enfin à l'amphitéâtre et aux tribunes. A la sortie au contraire, toutes les séparations mobiles qui servent au classement à l'entrée disparaissent, et la foule s'échappe par toutes ces ouvertures. Des escaliers spéciaux aux loges et à l'amphithéâtre sont réservés sous le vaste espace que ces places inclinées abritent, et, d'autre part, des escaliers en pierre, entre les deux murs concentriques qui enveloppent la salle, permettent par leur position juxtaposée de faciliter encore l'écoulement du public à la sortie. La galerie qui enveloppe la salle ayant deux étages, et le sol du second étage étant lui-même desservi par deux vastes escaliers, il en résulte que les 17 portes du rez-de-chaussée sont doublées par celles du premier étage à la sortie, et que 34 portes servent dès lors de dégagement; disposition exceptionnelle, quand on la compare aux dégagements des théâtres les mieux favorisés.

L'espace, sous les gradins du grand amphithéâtre, est occupé, comme nous l'avons dit, par des escaliers conduisant aux trois étages qu'il renferme, et aux couloirs desservant les *vomitoires* permettant de pénétrer dans la salle. Au rez-de-chaussée, il existe deux couloirs concentriques entre lesquels sont construits les escaliers en question, et sont en outre réservées des pièces destinées à la police, au service médical, à l'administration, etc. Le second couloir, celui intérieur qui relie directement entre elles les quatre portes du parquet, donne accès à de vastes vestiaires uniquement destinés au classement des vêtements du public occupant le parquet.

Le premier étage des dessous des gradins de l'amphithéâtre est affecté aux loges couvertes. On y arrive par trois grands escaliers. Le couloir principal de cet étage donne accès aux 42 loges dont les portes sont ajustées dans des renfoncements, afin d'éviter que le public, à la sortie, ne se heurte contre les portes des loges ouvertes brusquement, ce qui a lieu dans presque tous les théâtres. Cet étage contient également de belles pièces pouvant servir soit à des salons d'attente, soit à des vestiaires.

Le second étage des couloirs sous les gradins contient les espaces nécessaires à l'accès des loges découvertes et à celui de la partie basse de l'amphithéâtre. A cet effet, trois entrées sont réservées pour l'accès aux loges découvertes, lesquelles sont au nombre de 50. Quatre vomitoires permettent, à cet étage, l'entrée et la sortie de la partie inférieure des gradins ; de larges vestiaires facilitent encore à cette hauteur le classement des vêtements du public correspondant.

Le troisième étage des dessous de gradins facilite l'accès de la partie supérieure de l'amphithéâtre. Quatre vomitoires y débouchent tandis que, sous le rampant formé par les gradins, on a placé des vestiaires pour le public.

Comme on le voit, la salle des concerts du palais du Trocadéro n'a rien de commun avec nos salles de spectacle ordinaires ; elle emprunte ses meilleures dispositions aux théâtres antiques ; à l'exception des 42 loges fermées, toutes les places sont à découvert, c'est-à-dire qu'elles sont directement installées sous la voûte gigantesque de la salle ; là, pas de galeries aux profondeurs basses et obscures, où le public séjourne, respire et transpire pendant cinq heures, sans que l'air puisse s'y renouveler ; pas de baignoires, placées dans l'obscurité, au fond d'un parterre, dont les derniers rangs eux-mêmes sont difficilement accessibles dans leur obscurité. Une Exposition universelle doit être la concentration du progrès réalisé sous toutes ses formes ; or, si jamais une question a pu donner lieu à des recherches d'amélioration, c'est bien l'étude des édifices qui, sous prétexte de musique ou de théâtre, entassent chaque soir, dans toutes nos grandes villes, des milliers de citadins

Fig. 10. — Vue de la salle des fêtes, prise d'une des tribunes.

qui ne sauraient vivre longtemps dans le milieu où on les place, si le plaisir n'était pas la force morale qui les y retient.

Il va sans dire que la salle du Trocadéro est chauffée et ventilée en hiver, rafraîchie et ventilée en été; chaque spectateur y jouit, en toutes saisons, des quarante mètres cubes d'air qui lui sont attribués par heure [1].

La contenance de la salle, dont nous avons décrit les dispositions matérielles, se subdivise ainsi qu'il suit :

Fauteuils de parquet.	1391 places.
Strapontins de parquet	196 —
Loges couvertes, 42 loges ensemble. .	378 —
Loges découvertes, 50 loges ensemble.	252 —
Fauteuils d'amphithéâtre et strapontins	1965 —
Places des tribunes. . . . . . Id. . .	483 —
Total. . .	4665 places.

Il nous reste à parler maintenant de la partie de la salle réservée à l'orchestre. Comme nous l'avons dit, la salle possède en plan la forme d'un œuf, dont l'orchestre occuperait le petit bout; cette partie n'a pas moins de 30 mètres de longueur sur 23^m,50 de hauteur; elle est fermée par un arc dont la forme a été réglée par les nécessités de l'acoustique.

L'espace horizontal accordé aux musiciens mesure

1. Voir, plus loin, le chapitre spécial à la *Ventilation*.

une surface de 275 mètres, et 350 musiciens et choristes peuvent y trouver place. Au fond de la niche en calotte, qui constitue cet emplacement, est disposé un orgue dont les dimensions exceptionnelles sont justifiées par l'importance de la salle; il mesure 15 mètres dans sa plus grande largeur et 16^m,30 dans sa plus grande hauteur; il se compose de 66 jeux manœuvrés par 72 registres, distribués sur 4 claviers à mains et un pédalier en console, de 21 pédales de combinaison, et comprend 4070 tuyaux dont les plus grands sont de 32 pieds, ce qui fait que l'orgue en question, s'il n'est pas le plus important des orgues européennes, est le premier des orgues françaises. Son histoire serait assez curieuse à raconter si, après avoir loué, comme il le mérite, le talent exceptionnel de M. Cavaillé-Coll, l'éminent facteur des ateliers d'où il sort, il ne fallait, pour l'entreprendre, raconter toute la persévérance de cet excellent artiste, qui n'a eu ni cesse ni repos avant que la grande salle, qui se construisait, ne fût dotée d'un instrument comparable à ceux des grandes salles de musique de nos voisins.

En avant de l'orgue (fig. 10) sont disposés les gradins des musiciens avec les passages latéraux nécessaires à leur accès; cet ajustement, dont la commodité a été constatée dès les premiers concerts, est dû à l'initiative de la commission des auditions musicales.

Quelque peu étendu que paraisse l'orchestre dont nous nous occupons, il est suffisamment grand pour exécution des symphonies et des oratorios avec chœurs qu'on y a exécutés. Il a même été trop vaste pour certains orchestres composés de 120 à 130 musiciens et qui ont néanmoins produit un très-grand effet sur le public. Quoi qu'il en soit, cette partie de la salle a pu contenir 350 instrumentistes et choristes; si le nombre des artistes devait être augmenté, il serait nécessaire d'opérer un agrandissement du sol, en prenant sur les premiers rangs du parquet; mais nous devons dire que le cadre a été fait pour le tableau, ou mieux, que la *conque sonore* placée au-dessus des artistes ne peut en desservir utilement un nombre indéfini. D'ailleurs les essais qui ont été faits jusqu'ici ont démontré que l'effet produit n'est pas proportionnel au nombre des musiciens; au contraire, la salle considérée comme instrument réussit mieux avec un petit nombre d'artistes, bien placés au foyer acoustique, que lorsque leur nombre exagéré déborde l'espace assigné.

III

DÉCORATION INTÉRIEURE DE LA SALLE DES FÊTES.

La salle du Trocadéro offrait une difficulté spéciale, celle des dispositions d'une salle diurne; la lumière devait y entrer de l'extérieur aussi abondante et aussi réjouissante que celle que donne l'éclairage artificiel. Les neuf fenêtres qui l'éclairent, et dont nous avons indiqué plus haut les dimensions, sont closes par des verrières à petits plombs, aux vitres irrégulières et rugueuses divisant la lumière et la diffusant en tous sens dès son entrée dans la salle. Ces verrières sont entourées de bordures de couleur dont les tons doux et lumineux n'assourdissent pas les tons décoratifs.

La face de l'orchestre est la partie noble de la décoration de la salle; c'est celle qui fait face aux spectateurs. La paroi verticale est occupée de chaque côté par deux colonnes d'un ordre ionique composite d'une hauteur de sept mètres; ces colonnes engagées aux murs et adossées à des pilastres sont en marbre violet de Pralognan, avec chapiteaux et bases de bronze; un piédestal les surmonte, lequel porte une statue, une *Renommée* aux ailes déployées, tenant en main des couronnes; ces statues sont en imitation de bronze doré; le statuaire auquel elles sont dues est M. Carrier-Belleuse. Jamais l'artiste n'a été mieux inspiré : le mouvement du corps est souple et élégant, l'attitude ne pouvait être symétrique, puisqu'il s'agissait de composer une figure dont l'un des bras s'avancerait vers la scène en remplissant le vide du tympan de l'arc. M. Carrier a su imaginer un geste qui, tout naturel et tout gracieux qu'il est, résout ce problème délicat et montre, une fois de plus, toute la souplesse de son talent décoratif.

Le grand arc, qui joint les dosserets de la conque de

'orchestre, est orné d'une archivolte vigoureuse, en proportion avec son étendue; cette archivolte, outre sa décoration ornementale, reçoit une imitation de claveaux de pierre, déterminés par des refends d'or. Enfin l'arc est terminé à ses extrémités par un ajustement architectural contenant deux cartouches : *gloire*, *honneur*, surmontés d'une sorte d'autel sacré où brûle une flamme sculpturale. Au-dessus de l'archivolte du grand arc et jusqu'à la voûte de la salle existe une zone curviligne, dont le centre est plus élevé que les deux extrémités et dont les dimensions sont de 39 mètres de longueur, réduite par une hauteur moyenne de 5 mètres. Cette surface, bien en vue du public, bien éclairée par les fenêtres latérales, mieux placée cent fois que ne l'est une surface de voûte, qu'on ne peut voir qu'en levant la tête, devait être l'emplacement d'une belle œuvre d'art donnant le sens spiritualiste et symbolique de la salle; la *Peinture d'histoire* est venue prêter son concours à l'*Architecture*.

La difficulté était grande, car la conception architecturale de la salle exigeait l'éloignement de tout procédé pittoresque et la recherche d'une composition aux lignes sévères sur un fond unicolore. C'était en un mot un bas-relief peint qu'il fallait à cette place et non une muraille percée, à travers laquelle le public eût entrevu une scène plastique. M. Lameire a résolu le problème avec une simplicité de moyens et une entente de la peinture murale qui classe cet artiste dans les jeunes maîtres de l'école française. Toute son habileté s'est concentrée sur la recherche des grandes lignes et du style et il a su personnifier toutes les figures de sa composition avec une grâce symbolique qui en rehausse singulièrement la saveur.

Voici le sujet qui a été arrêté d'un commun accord entre l'artiste et la direction des travaux (fig. 11) :

La France sous les traits de l'Harmonie accueille les Nations.

Au centre de la composition, assise sur un trône d'ivoire, est placée la figure symbolique de l'*Harmonie* couronnée du vert laurier de Virgile, la couronne de l'Art et de la Poésie. Elle tient la lyre de la main gauche et sa droite se lève et commence les premières mesures de l'hymne de bienvenue qu'elle adresse aux Nations de la terre.

Comme aux accords de la lyre d'Orphée, les peuples barbares, figurés par des bêtes sauvages, accourent se ranger autour de lui ; le lion et le tigre étouffant leurs rugissements, viennent se coucher, vaincus et soumis, aux pieds de l'Harmonie.

Un peau-rouge de l'Amérique septentrionale, nonchalamment allongé sur une peau de bison, écoute avec attention ses accents qui l'étonnent et vont le subjuguer.

Les groupes des diverses Nations, portant les pavillons ou les produits de leur sol, de leur art ou de leur industrie, vont se ranger pour répondre à l'appel de la France.

A gauche et sur le premier degré inférieur des gradins, trois figures portant l'étendard rouge semé des trois couronnes d'or de l'Union de Calmar personnifient *la Suède, la Norvège et le Danemark;* près d'elles le loup d'Odin, les pins et les sommets de glace.

DÉCORATION DE LA SALLE DES FÊTES

Fig. 11. — Décoration de la salle des fêtes : la France sous les traits de l'Harmonie, accueille les nations.
(Peinture murale de Charles Lameire.)

En remontant, la *Hollande,* sous les traits d'une robuste femme de la Frise à la coiffure pittoresque ; elle tient sur sa tête un large vase à lait, et sur son épaule, la rame fluviale de ses canaux et la voile pliée d'un navire de ses lointaines colonies.

Sur le second degré, la *Grande-Bretagne,* dans le costume royal de l'ordre de la Jarretière, le front ceint de la couronne de saint Édouard. Elle tient le trident symbolique de la domination des mers, sa main gauche s'appuie sur l'écu aux armes d'Angleterre, d'Écosse et d'Irlande, à la devise : *Dieu et mon droit.* L'empire des Indes anglaises est figuré par une tête d'éléphant aux défenses annelées et armée de bandelettes et de perles.

A côté de la Grande-Bretagne, l'*Autriche,* sous le costume de l'ordre de la Toison d'or, s'appuyant sur le bouclier à l'aigle impériale à double tête, qui tient le globe, le sceptre et l'épée.

A ses côtés la *Hongrie,* le front paré de la couronne de saint Étienne, à la croix inclinée, tenant le sceptre magyare.

A la suite, la *Belgique,* portant dans les plis de son manteau une roue d'engrenage aux contours crénelés avec de riches dentelles déroulées et pendantes.

Entre ces figures, la *Suisse,* sous les traits d'un enfant, tient des fleurs alpestres et la pomme symbolique de sa vieille indépendance.

Sur le troisième degré, l'*Italie,* figurée par une jeune femme aux traits accentués, à la chevelure opulente et couronnée des lauriers du Tasse ; elle porte sur sa poitrine cette large bande d'étoffe rayée et pesante dérivée des costumes de Byzance apportés en Italie pendant l'exarchat et que portent encore les paysannes de la campagne romaine. Les bras puissants de cette figure s'appuient sur la lyre antique ; la palme d'or de la Poésie et des Arts s'attache aux cordes de la lyre.

A gauche de l'Italie, l'*Espagne* sous les traits d'une femme couronnée, revêtue de la chlamyde des rois Visigoths, tenant le globe d'azur ceint et surmonté de la croix. Au-dessus de cette figure, l'étendard ibérique avec les armes d'Espagne et la devise : *Non ultra*.

En second plan, le *Portugal* sous la figure d'un chevalier du xve siècle, revêtu de la cotte d'armes, la tête couverte d'un casque couronné ayant pour cimier le dragon ailé.

Sur la plate-forme centrale l'*Empire du Maroc*, sous les traits d'un musulman couvert d'un large caftan, le front ceint du turban et portant fièrement l'étendard rouge au croissant d'argent dont les plis le couvrent.

A côté et près du trône central l'*Inde indépendante*, sous l'aspect d'un rajah à la coiffure étrange et pittoresque, aux vêtements ruisselants de pierreries.

De l'autre côté de la figure centrale et à droite se trouve personnifiés :

La *Grèce*, sous les traits d'un montagnard de l'Épire, le front rasé jusqu'au sommet du crâne et les cheveux tombant sur ses épaules. Il porte la petite calotte écarlate à la houppe bleue; sa double veste est bordée de lames d'argent; sous sa large ceinture se voient les plis de la fustanelle nationale. Il écoute les accords de l'Harmonie, courbe son front chargé d'un passé de gloire et s'appuie ému et pensif sur un chapiteau brisé, en tenant d'une main la lyre agreste des bergers d'Arcadie.

Derrière lui un jeune homme. Sur le troisième degré du gradin de gauche, à la suite, on voit la *Perse*, coiffée du bonnet d'astrakan, la *Serbie*, sous la figure d'une jeune fille, tenant avec abandon la main de la *Roumanie*, placée derrière elle et vêtue du riche costume national des femmes de Jassy.

Sur le même gradin et en premier plan, la *Russie* portant le splendide vêtement des anciens ducs de Moscovie, doublé de fourrures, semé d'aigles brodés et étincelant de pierreries; son front porte le bonnet cramoisi surmonté de la croix; sa main droite remet au fourreau l'épée de la dernière guerre.

Sur le second degré de droite, on voit au fond le *Mexique* au couteau de cuir fauve, agrémenté d'argent, le front couvert du sombrero ; il tient le lasso rapide.

Derrière, un Quechua, coiffé de la montera, tient la bannière du *Pérou*.

Le *Brésil* vient ensuite, symbolisé par une jeune femme portant une couronne d'où s'échappent de longues tresses d'ébène. Elle porte le sceptre et le globe d'azur traversé par la croix de gueules des armes de l'empire.

La grande fédération des *États-Unis* est au premier plan du dernier gradin sous les traits d'une femme blonde, couronnée d'algues marines. Elle ramène sur sa poitrine les plis de son manteau, sa main gauche s'appuie sur la hampe du pavillon de l'Union dont les plis, zébrés de raies blanches et rouges et semés d'étoiles, l'enveloppent tout entière. Près d'elle, la proue gigantesque d'un de ses navires, quelques branches de cotonnier et les chaînes brisées de l'esclavage des noirs.

Le premier degré des gradins de droite, à la suite, porte au fond la *Chine* personnifiée par une jeune femme abritée de son parasol, tenant un éventail et vêtue du costume des peuples de l'Asie orientale. Près d'elle, la reine de Mohéli, dans son costume étrange et sa coiffure mystérieuse, représente les divers peuples de la côte d'Afrique entre les tropiques. Une jeune Mauresque, portant sur sa tête une corbeille chargée de fruits, personnifie les peuples de l'Afrique septentrionale.

Au-dessous des degrés et dans les deux angles inférieurs de la composition, on voit deux chars traînés par des chevaux fougueux ; à droite, c'est l'*Égypte* représentée par le kédive coiffé du fez et vêtu de la tunique européenne ; à gauche, c'est le *Japon* dans son costume national.

La grande niche elle-même, ou la conque de l'orchestre, dont la forme a été déterminée, comme nous l'avons déjà dit, pour les besoins de l'acoustique, reçoit l'orgue colossal dont nous avons déjà parlé. Cette pièce de menuiserie, avec ses tuyaux d'étain, en constitue la décoration essentielle; cependant il reste à droite et à gauche des espaces cylindriques, décorés de pilastres et d'entablements en pierre et en marbre dorés. Il va sans dire que les lignes principales de cette décoration se rattachent aux lignes principales de l'orgue. Au-dessus de l'entablement de cet ordre décoratif et sur toute la voûte qui le surmonte on s'est contenté, faute de temps et d'argent, d'un ton bleu uni, parsemé d'étoiles d'or. Dans la partie directement au-dessus de l'entablement, on voit surgir les extrémités d'un bois sacré; peinture ornementale procédant de la nature, mais dont le dessin et la couleur, parfois conventionnels, rattachent cet ajustement aux feuillages peints sur laque des Chinois et des Japonais.

Si, de la partie scénique de la salle, nous passons à celle réservée au public, et qui est vingt fois plus grande que la première, nous observons que toute la partie inférieure, contenant le parquet, les loges et l'amphithéâtre, jusqu'aux pieds des grandes baies, est d'une tonalité sombre; le soubassement, qui touche au sol, est en imitation de marbre portor; la face des loges couvertes et l'entablement qui les surmonte, les pilastres qui les divisent sont en bois noir, incrustés de filets d'or. L'appui de ces loges et l'appui des loges découvertes sont garnis de draperies de velours rouge, rehaussées de crépines et galons d'or. Les sièges de l'amphithéâtre, les clôtures des loges découvertes, les murs des vomitoires sont rouge foncé et noirs. Le mur vertical, qui adosse l'amphithéâtre et dont la hauteur s'augmente à mesure qu'on se rapproche de la scène, est d'un ton brun soutenu, de façon à placer tous les spectateurs dans une partie vigoureuse en ne laissant, comme partie claire et lumineuse de la salle, que les parties supérieures. La tenture dont nous parlons est rehaussée de quelques bandes jaunes et agrémentée dans sa partie supérieure par de larges guirlandes dorées, imitant des broderies sur étoffe.

A partir du bandeau qui surmonte la place la plus élevée des amphithéâtres, la tonalité de la salle devient claire ; c'est d'ailleurs la partie qui correspond aux neuf grandes baies, garnies de meneaux, dont nous avons déjà parlé. La voûte qui joint les murs de la salle, et dont l'écartement dans son plus grand diamètre est de 50 mètres, est une voûte surbaissée ; les neuf fenêtres circulaires y déterminent des pénétrations, laissant entre elles des espaces très-fructueusement utilisés pour la décoration. En effet, douze vigoureuses nervures se dirigent du milieu de ces espaces vers le centre de la voûte ; ces nervures simulent de puissants points d'appui destinés à soutenir le *velum* qui les joint, dont nous parlerons plus loin. Ces sortes de mâts curvilignes portent sur de robustes corbeaux sortant de la voûte, au-dessus desquels sont ajoutés des sphinx décoratifs aux ailes déployées, symboles de l'inconnu. Sous ces corbeaux sont sculptés des médaillons ornementés, entourés de branches de laurier, de palmes et de couronnes, portant sur un cartouche ajusté le nom d'un des grands compositeurs symphonistes. Ils sont au nombre de dix :

S. Bach.	Cherubini.
Hændel.	Weber.
Haydn.	Mendelssohn.
Mozart.	Berlioz.
Beethoven.	F. David.

Les nervures, ou points d'appui, qui divisent la voûte, laissent au centre un espace vide circulaire de 15 mètres de diamètre; leurs sommets sont réunis par des arcs décoratifs. Des boucliers, placés à la partie haute, sont destinés à recevoir des tiges de suspension qui, dans un temps donné, pourront recevoir des appareils pour l'éclairage des fêtes nocturnes. Toute cette partie accentuée de la voûte, ainsi que les moulures qui encadrent les baies, sont exécutées en sculpture peinte ton d'ivoire et rehaussée de dorures. Au contraire l'espace creux, déterminé par ces formes, est décoré de peintures faites sur étoffe de bourre de soie; ces peintures ornementales se composent d'une riche bordure rouge niellée d'or, encadrant les fenêtres et remplissant le fond des intervalles qu'elles forment, tandis que toute la surface proprement dite de la voûte, le *velum*, se compose d'une imitation d'étoffe tendue, d'un jaune brillant et chaud, séparée par des bandes vertes du plus heureux effet. Toutes ces étoffes peintes ont été exécutées à l'atelier, avant que la voûte proprement dite n'ait été faite et, s'il faut se féliciter du résultat, il ne convient pas moins d'observer que le temps, la réflexion et l'étude ont absolument manqué pour faire mieux. M. Villeminot, d'une part, chargé de toute la sculpture ornementale, et M. Lameire, d'autre part, chargé de la partie picturale, ornements et figures, ont exécuté un tour de force de rapidité sans précédent dans les annales de la décoration improvisée. La salle du Trocadéro ne possédait ni son comble, ni sa voûte intérieure au 1er février, et cependant les artistes, qu'on accuse si souvent de rêverie ou d'inaction, marchaient avec une sûreté et une continuité d'efforts telles que jamais leurs engagements n'ont été protestés. Il y a plus : sculpteurs, peintres, mouleurs et doreurs, ont dû souvent redoubler d'efforts et de veilles pour regagner le temps perdu par les imprévisions inhérentes à une telle œuvre gigantesque; tous sentaient que la date du 1er mai était un objectif qu'il fallait atteindre, et qu'ils étaient solidaires de la parole donnée par la France aux nations étrangères. Le 1er mai en effet, l'échafaudage en charpente, au moyen duquel toute cette décoration exécutée à l'atelier a été posée, disparaissait pour laisser voir, pour la première fois, les murailles et la voûte d'une salle inconnue jusqu'ici. Il est bon de le rappeler, l'architecture est de tous les arts celui qui exige la plus grande somme d'expériences, car c'est celui qui ne permet ni réflexions ni repentirs, après les ordres d'exécution donnés ; non-seulement les démolitions et reconstructions, motivées par un scrupule de direction, sont ruineuses, mais, dans la plupart des cas, les échafaudages et les engins d'exécution empêchent absolument de reconnaître la nécessité de retouches, car leur présence ne permet pas de voir l'ensemble de l'œuvre, de la juger et par suite de la pouvoir modifier.

Le nombre et les dimensions des pièces de bois qui emplissent provisoirement une salle en voie de décoration, sont en proportion de son étendue; des planchers sont disposés sous les voûtes et le long des murs pour permettre aux ouvriers de les atteindre ; dès lors, les regards de l'architecte ne voient plus que les dessous de ces planchers et sa vue n'atteint aucune des surfaces qu'il voudrait embrasser ; il est dans une forêt de bois taillés et équarris, où les branches rectilignes ajustées avec des boulons semblent augmenter en nombre à mesure qu'elles atteignent le sommet de l'édifice; aussi, le jour où l'œuvre est terminée et que, petit à petit, les sommets se dégagent et les obstacles disparaissent, l'œil du maître de l'œuvre est plus avide encore de voir que celui du spectateur désintéressé : ce dernier s'apprête à la critique, alors que l'auteur qui l'assiste, ne connaît pas lui-même l'effet réel de ce qu'il a imaginé ; sa composition a pu être tracée sur le papier, être modelée dans des proportions restreintes ou figurée plus ou moins exactement sur un modèle, la réalité lui a échappé jusqu'au jour où le blâme et l'éloge vont se formuler plus ou moins justement, plus ou moins légèrement aussi.

Pour compléter la décoration de la salle, il nous faut dire deux mots de l'ouverture centrale circulaire au sommet de la voûte et parler des deux loges d'avant-scène ou loges officielles.

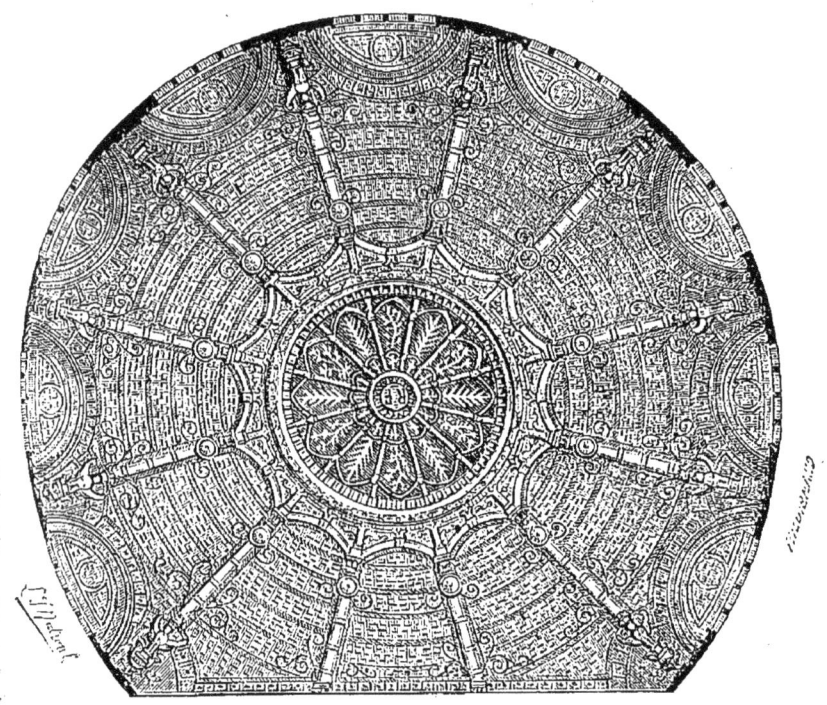

Fig. 12. — Plafond de la salle des fêtes.

L'ouverture centrale (fig. 12) ou fenêtre de ventilation n'a pas moins de 15 mètres de diamètre; pour en expliquer la nécessité et l'étendue nous renvoyons le lecteur au chapitre *Ventilation,* nous ne devons en parler ici qu'au point de vue décoratif.

Douze nervures rayonnantes, reliées entre elles par des arcs, en constituent l'ossature principale; au centre est ajusté un soleil monumental portant dans son milieu le chiffre de la République française. Dans les espaces formés par les nervures sont disposées des palmes et des branches de laurier. Toute cette ornementation se détache en clair sur le fond noir du grenier de la salle.

Les loges d'avant-scène (fig. 13), comme nous l'avons dit précédemment, sont placées au-dessous des deux grandes baies voisines de l'orchestre dans la hauteur du mur de soubassement, laissé libre par l'inclinaison des gradins latéraux. Une baie en arc cantonnée par des colonnes, ayant pour clef un riche cartouche aux armoiries de la République française, caractérise ces loges, dont l'une sera affectée au Président de la République et l'autre au Ministre de l'Agriculture et du Commerce, dans les attributions duquel l'Exposition est placée. Deux figures ronde bosse, ajustées sur les pilastres, qui arrêtent latéralement la composition, sont dues au talent de M. Blanchard; l'une représente *la Force*, l'autre *la Loi*. La Force est coiffée et couverte d'une peau de lion, elle s'appuie sur une massue suivant les traditions symboliques. L'autre figure tient une tablette portant ces mots: « *In legibus salus.* » Sa main gauche tient un sceptre et dans son mouvement élégant elle recouvre le symbole de la loi.

Ces deux compositions font le plus grand honneur au jeune artiste, elles dénotent un goût exercé et un sentiment très-juste de l'élégance décorative.

Fig. 13. — Tribune du Président de la République.

IV

EXTÉRIEUR DE LA SALLE DES FÊTES.
(Côté du Jardin.)

La salle des concerts ou des fêtes proprement dite est enveloppée de constructions qui en sont le complément et qu'il nous faut décrire.

Si nous nous sommes fait comprendre, les gradins formant le grand amphithéâtre et les deux rangs de loges superposées occupent toute la partie inférieure de la salle dans une hauteur de 15^m,50; cette partie, comme nous l'avons déjà dit, est percée de dix-sept portes et fenêtres à deux des étages des gradins, ce qui permet de communiquer de l'intérieur à l'extérieur avec une grande facilité; mais ces communications seraient d'un accès impossible si toute la périphérie circulaire de la salle n'était enveloppée d'un portique à deux étages, comme dans les théâtres et amphithéâtres antiques.

Fig. 14. — L'Industrie des Métaux.
(Statue de M. de Vauréal).

Ce portique occupe donc le développement complet de la circonférence visible de la salle; seulement au lieu d'être, comme dans les édifices romains, composé d'une ordonnance montée sur une autre ordonnance, chaque travée ne comporte qu'une arcature, montant dans la hauteur des deux étages, coupée en deux par un plancher qui s'accuse par un petit ordre intérieur. On a pensé avec raison que, n'ayant à construire ni un colysée, ni un théâtre de Marcellus, enserrés dans les rues étroites d'une ville comme Rome, mais au contraire un édifice visible par sa situation topographique à plus de 8 kilomètres de distance, il convenait d'accentuer vigoureusement les grandes lignes de construction et par conséquent d'éviter les petits ordres d'architecture superposés l'un à l'autre.

Le portique dont il s'agit se compose donc, à l'extérieur, de trente piliers de un mètre carré de section, coiffés de chapiteaux à volutes et feuillages sur le côté et ornés de figures humaines sur la face; ces chapiteaux à forts tailloirs surplombant reçoivent des arcs plein-cintre extradossés en léger tiers-point ; au-dessus un entablement décoré de modillons porte une balustrade à jour, coupée de piédestaux couronnés de statues.

Fig. 15. — L'Industrie des Tissus.
(Statue de M. J. Gauthorin).

Le vide des arcades en question n'a pas moins de 3^m,78 de largeur sur 12^m,72 de hauteur; c'est cet espace qui est divisé en deux par un entablement porté sur des dosserets latéraux aux piliers; une balustrade, également à jour, surmonte cet entablement qui correspond rigoureusement au sol du deuxième étage sous les gradins des amphithéâtres de la salle.

La décoration de ce portique extérieur qui, dans la composition du palais du Trocadéro, joue un rôle important, est d'une très-grande sobriété; à l'exception des chapiteaux et de quelques moulures, la main du sculpteur est absente; les lignes seules en forment la décoration; disons toutefois que les *tympans*, c'est-à-dire les espaces triangulaires entre les extrados des arcs et l'entablement, sont décorés de bandes de mosaïque rouge avec rosace au centre en mosaïque variée du plus riche effet. Il va sans dire que toutes ces arcatures sont identiques et que la diversité de leur aspect résulte, comme dans tous les édifices circulaires, de la façon différente dont chacune d'elles est éclairée et se présente à l'œil.

Les statues qui décorent le sommet de ce portique sont en pierre comme le portique lui-même, et mesurent 2^m,30 de hauteur; elles personnifient les sciences, les arts et les applications techniques qui constituent le grand travail humain (fig. 14, 15, 16 et 17).

Quelques-unes de ces œuvres d'art sont fort remarquables, soit comme composition, soit comme caractère expressif; toutes ont un sentiment décoratif très-satisfaisant et le public peut regretter que, à cause de la hauteur où elles sont placées, la perception de leurs qualités de détail ne soit pas toujours facile. Voici, en commençant par la droite, les sujets de ces statues avec les noms de leurs auteurs :

1. L'Imprimerie . . . . Par MM.	Felon.
2. La Musique.	Schrœder.
3. La Minéralogie.	Saint-Jean.
4. La Peinture.	Barthélemy.
5. La Chimie.	Chevalier.
6. La Métallurgie.	Ludovic Durand
7. La Pisciculture.	Eude.

8. L'Industrie des Métaux . . . . . . Par MM.	De Vauréal.
9. La Physique.	Sobre.
10. La Botanique	Baujault.
11. Le Génie civil.	L. Perrey fils.
12. L'Éducation.	Ch. Lenoir.
13. L'Architecture.	Soldi.
14. La Photographie	A. Tabard.
15. L'Art militaire.	De la Vingterie.
16. L'Industrie des tissus	Jean Gautherin.
17. L'Agriculture.	Aubé.
28. La Médecine.	C. Gauthier.
19. L'Astronomie.	Itasse.
20. La Mécanique	Roger.
21. L'Industrie du meuble.	Millet de Marcilly.
22. La Géographie.	Bourgeois.
23. La Télégraphie.	Hubert Lavigne.
24. La Sculpture.	Vital-Dubray.
25. La Navigation.	Chervet.
26. L'Orfévrerie.	Varnier.
27. Les Mathématiques.	Cambos.
28. L'Industrie forestière.	E. Chrétien.
29. L'Ethnographie.	G. Clerc.
30. La Céramique..	Chambard.

Entrons maintenant dans les deux étages de ce portique; le sol de celui du rez-de-chaussée est à 24 mètres au-dessus du sol du quai et à 30 mètres au-dessus du niveau général du palais du Champ de Mars. Le premier sentiment qui frappe en pénétrant sous celui du rez-de chaussée et plus encore sous celui du premier étage, c'est la splendeur du spectacle dont on jouit, ce que nous avons déjà exposé au lecteur.

Si, de l'extérieur du portique, le regard se porte à

l'intérieur, le visiteur, placé au rez-de-chaussée, peut compter dix-sept baies, dont la partie inférieure sert de porte et la partie supérieure de fenêtre pour éclairer les couloirs de la grande salle.

Le plafond du portique se divise en larges compartiments déterminés par les poutres métalliques, formant saillie au droit des piliers et supportées par des corbeaux en pierre; les murs et le plafond sont peints.

Fig. 16. — L'Agriculture. Statue de M. Aubé.)

Le premier étage est ajusté d'une façon analogue à celui du rez-de-chaussée; un même nombre de baies sont percées dans les murs de la salle; ces baies sont également divisées en deux parties: la porte et la fenêtre. Toutefois cette deuxième galerie n'est pas plafonnée; elle est couverte d'une voûte composée d'une série de berceaux reposant sur des arcs-doubleaux métalliques.

Tout le dessous de ce portique est également décoré de peinture; le ton rouge du rez-de-chaussée se prolonge sur la paroi verticale et se trouve lui-même divisé par des bandes et frises ornementales du meilleur effet. Disons enfin, pour compléter cette partie, que le portique circulaire de la salle est surmonté d'une terrasse accessible aux visiteurs; c'est de là surtout qu'on peut apprécier l'ensemble de l'Exposition, car on domine, non-seulement toutes les constructions du Trocadéro, mais encore toutes celles du Champ de Mars ; le spectacle donne un avant-goût de celui qui attend le visiteur au sommet des tours.

La muraille de la salle s'élève circulairement au-dessus de cette terrasse, sur une hauteur de 15 mètres. Elle est percée par les neuf baies plein-cintre que nous avons décrites. Ces baies sont garnies de meneaux de pierre pour soutenir les verrières. Entre elles sont ajustées huit tourelles carrées, dont la fonction consiste à épauler le mur courbe et à faire office de contre-fort.

Fig. 17.
L'Astronomie.
(Statue de M. Itasse.)

Leur présence est non-seulement utile au point de vue constructif, mais, sous le rapport esthétique, elle détermine de fortes saillies et conséquement de fortes ombres, qui modèlent vigoureusement la rotondité de la salle. Dans leur intérieur on a disposé de petits escaliers à vis, qui permettent d'arriver aux tribunes de la salle, lesquelles sont placées au niveau de la terrasse et ont pour profondeur la saillie même des tourelles. Le sommet de ces dernières est couronné par un pavillon à quatre faces à jour, couvert en terrasse et percé sur chaque face de deux arcades géminées séparées par une colonnette de marbre à chapiteau et base sculptés. La terrasse porte elle-même une oriflamme centrale, maintenue par de légers haubans.

Le comble qui couvre la salle des fêtes s'élève du

Fig. 18. — La Renommée.
(Modèle de M. A. Mercié.)

pied de la balustrade surmontant la muraille extérieure; il est à pans et forme une pyramide dont le sommet est couronné par une vaste lanterne à jour en fonte et en plomb, ornée, couronnée elle-même d'un second comble avec chéneau agrémenté. C'est du sommet de ce comble que s'élève la gracieuse figure de la Renommée, modelée par M. Antoine Mercié et exécutée en cuivre repoussé au marteau dans les ateliers de MM. Monduit, Gaget et Gauthier. Cette figure, dont la composition montre une fois de plus la grâce et la vigueur exceptionnelles du talent du jeune statuaire, tient d'une main plusieurs couronnes, tandis que, de l'autre, elle soutient la traditionnelle trompette. Sa dimension est de 3^m,50 ; est elle dorée ainsi que les ornements qui supportent sa base.

La construction de cette partie extérieure de la salle et sa décoration sont les mêmes que dans les autres parties de l'édifice : corniches, bandeaux, appuis, dosserets, archivoltes, etc... en pierre ; les murs en moellons piqués ou pierres de petit appareil avec bandes de marbre ; colonnes monolithes en marbre ; ornements dans les tympans en mosaïque vénitienne ; balustrades en pierre avec remplissage en grès céramique.

V

LES ANNEXES DE LA SALLE

(Côté de la place du Trocadéro).

Nous avons dit que la salle de concerts, ou des fêtes, n'était pas entièrement circulaire et qu'un ajustement spécial y avait été réservé pour l'orchestre ; aussi, cette dernière partie, ainsi qu'on peut s'en convaincre sur les plans, offre-t-elle une disposition particulière pour les parties qui lui sont adhérentes. Entre les deux tours, dont nous parlerons plus loin, et qui flanquent la conque de l'orchestre, le *proscenium*, il existe un mur montant de fond qui, à l'extérieur, s'accentue sous la forme d'un grand pignon à redents ; entre ce pignon et la voie publique, est une large galerie rectiligne qui joint les deux vestibules entre eux et donne accès à de grands escaliers et à des foyers d'artistes ; le tout constituant un bâtiment spécial, dont nous allons maintenant nous occuper.

Le bâtiment adossé à la salle des fêtes, du côté de la place du Trocadéro, y compris les escaliers, a 78 mètres de longueur sur 20 mètres d'épaisseur maximum. A chacune de ses extrémités et dans la partie qui correspond aux tours sont disposées deux grandes cages d'escalier carrées, mesurant à l'intérieur 12^m,40 sur chaque face. Les escaliers qu'elles contiennent possèdent une large révolution dans le milieu et deux révolutions de retour, une de chaque côté. La partie supérieure est voûtée, et les voûtes qui la surmontent sont portées par quatre colonnes en fonte, reliées entre elles par des arcs-nervures en fonte ornée et à jour. La partie centrale de ces voûtes est sphérique, ainsi que les huit autres parties qui l'enveloppent ; des peintures ornementales les décorent ; chaque cage d'escalier est percée de grandes baies formant verrières, l'une placée dans l'axe de la montée et l'autre sur le flanc droit ou gauche, suivant l'escalier dans lequel on se trouve. La verrière de face a 5^m,10 de largeur sur 9^m,25 de hauteur, celle latérale 5^m,10 de largeur sur 6^m,25 de hauteur. Les sujets qui ont été choisis pour le programme de ces verrières se rattachent à l'histoire des métiers, en voici le programme et le nom des artistes:

Grands escaliers. — Côté de Paris.

Baie faisant face à la place.

Sujet du travail : l'histoire des instruments de musique.
(M. G. Bourgeois, peintre-verrier à Paris.)

Partie supérieure. — Trois verrières.

Au centre : la corporation des facteurs obtient du roi Henri III des privilèges et des statuts particuliers.

A gauche : la musique religieuse. — La reine Isabeau de Bavière visite la chapelle Saint-Jacques.

A droite : la musique de chambre ou profane. — Quatre personnages jouant des instruments à cordes et du clavecin.

Partie centrale. — Quatre verrières.

Les quatre verrières ne forment qu'un sujet unique : la musique militaire met en relief les instruments à vent.

Partie inférieure. — Quatre verrières.

Trophées d'instruments avec les noms des fabricants français : Le Vacher, Sébastien Érard, Cousineau et Carlin.

Baie latérale, côté de Paris.

Sujet du vitrail : l'horlogerie.
(M. Crapoix, peintre-verrier à Paris.)

Partie supérieure. — Trois verrières.
Au centre : l'horloge de la cathédrale de Strasbourg.
A gauche : un beffroi avec cloches.
A droite : un autre beffroi avec cloches.
Partie inférieure. — Quatre verrières.
A gauche : les mathématiques. — Deux moines guidés par la Genèse étudient le cours du soleil et de la lune.
A gauche : l'astronomie. — Pythagore explique les deux mouvements de la terre.
A droite : la navigation. — Application du loch et de la boussole marine à la direction des navires.
A droite : la mécanique. — Un atelier d'horlogerie.

Grands escaliers. — Côté de Passy.

Baie faisant face à la place.
Sujet de vitrail : l'histoire de la ferronnerie artistique.
(M. Gsell-Laurent, peintre-verrier à Paris.)
Partie supérieure. Trois verrières.
A gauche : les compagnons serruriers portent le *chef-d'œuvre* de la corporation. (XVIe siècle.)
Au centre : Louis XIV traverse la cour du château de Versailles. (XVIIe siècle). — Grilles en fer forgé.
A droite : un intérieur de forge au XVIIIe siècle.
Partie centrale. — Quatre verrières.
A gauche : une châtelaine se rend à l'Église. — Ferrures du XIIe siècle.
A gauche : un baptême. — Ferrures du XIIIe siècle.
A droite : le prix du tournoi. — Armures du XIVe siècle.
A droite : une place publique au XVe siècle, un jour de fête.
Partie inférieure. — Quatre verrières.
Sur un fond grisaille, imitant une grille, les armoiries des serruriers et des maréchaux.

Baie latérale, côté de Passy.

Sujet du vitrail : la carrosserie et la sellerie.

(MM. Bazin et Cie, peintres-verriers au Mesnil-Saint-Firmin.)

Partie supérieure. — Trois verrières.

Une scène unique : La carrosserie. — L'entrée d'Isabeau de Bavière à Paris.

Partie inférieure. — Quatre verrières.

Une scène unique : la sellerie. — L'entrevue du « Camp du drap d'or. »

Les murs des escaliers sont enduits en stuc-pierre et accusent de grandes lignes verticales correspondant aux colonnes en fonte intérieures ; sur la face opposée à la verrière latérale se trouve ajusté un cadre répétant les proportions de la verrière qui lui fait face, et dans lequel on se propose de faire exécuter ou placer, soit une peinture murale, soit une tapisserie.

La révolution centrale de chaque escalier, qui n'a pas moins de 3 mètres de largeur entre limons, se compose de 24 marches, exécutées dans la belle pierre de Cruas des carrières de M. Rostagnat ; les deux révolutions latérales et le palier qui les joint à la révolution centrale, sont exécutés en même matière ; ces révolutions ont 2^m,50 de largeur et possèdent 19 marches ; les balustrades qui bordent les rampes et qui viennent s'ajuster dans les colonnes en fonte, sont également en fonte et surmontées de mains-courantes en bois.

Les limons de ces escaliers étant supportés par des murs d'échiffre en maçonnerie, on a pu trouver, dans les dessous, l'emplacement de vastes urinoirs et cabinets d'aisances, divisés en deux parties, pour chaque sexe.

Entre les deux escaliers que nous venons de décrire

Fig. 19. — Galerie donnant sur la place du Trocadéro.

il existe, au rez-de-chaussée et au premier étage, une galerie et une salle, donnant sur la place et dont la longueur est de 50 mètres et la largeur de 7^m,50 ; ces galeries sont ouvertes sur la place du Trocadéro à l'aide de neuf baies, à plates-bandes pour la galerie basse et à plein-cintre pour la galerie supérieure.

La galerie du rez-de-chaussée (fig. 19), dans le projet primitif, devait être divisée en trois parties égales : vestibule d'honneur au centre et salons d'attente à droite et à gauche; elle est actuellement affectée au service des artistes de la salle de concerts. A l'aide de cloisons mobiles, on l'a fractionnée en cinq parties d'inégales dimensions et recevant, pendant les concerts, les instrumentistes, les choristes hommes et femmes, les solistes et les cabinets de régisseur et chef d'orchestre. Quelle que soit l'affectation actuelle de cette dépendance du palais, il sera possible de lui rendre sa destination originaire, celle de vestibule et de salles d'attente pour le chef de l'État, le jour où il viendra présider quelque cérémonie importante; il suffira alors d'ouvrir à l'intérieur les baies centrales et de décorer, par quelques tentures provisoires, les localités actuellement réservées aux artistes du concert.

La galerie du premier étage, correspondant à celle que nous venons de la décrire, a la même longueur, même largeur et une hauteur de 8 mètres sous plafond; les neuf baies cintrées qui l'éclairent sont garnies de meneaux et vitrées de verres à petits plombs. Neuf baies dans le mur opposé aux fenêtres correspondent aux arcatures de la face; elles sont garnies de menuiserie, dont les parties supérieures sont vitrées ; c'est dans cette galerie du premier étage qu'est disposé en ce moment le *musée des arts rétrospectifs de l'Orient.*

Entre les deux grandes galeries superposées que

nous venons de décrire et le mur pignon sont placées deux galeries de circulation également superposées, l'une au rez-de-chaussée, l'autre au premier étage : elles ont 50 mètres de longueur et 7 mètres de largeur; éclairées en second jour sur les galeries précédemment décrites, elles n'en sont séparées que par des piliers et des menuiseries, en partie vitrées. C'est dans la galerie du rez-de-chaussée et dans l'axe du palais que se trouve la porte qui conduit les artistes, les conférenciers et le chef de l'État dans la partie réservée de l'orchestre et sur le proscénium de la salle. A droite et à gauche de cette porte d'entrée et au long du mur pignon de la salle, sont ajustées 34 armoires destinées à loger les instruments et partitions, nécessaires au service des concerts; la galerie de circulation du premier étage possède également dans son milieu une porte réservée au service de l'orgue, mais la principale fonction de cette galerie est de mettre en communication les deux salles de conférences, les tours, les grands escaliers et la galerie des arts rétrospectifs de l'Orient. Au-dessus de la galerie de communication du premier étage on a pu loger, dans le comble en terrasse qui la surmonte, les divers bureaux d'agence des travaux et de comptabilité.

L'extérieur du bâtiment, pris de la place du Trocadéro (fig. 20), présente à ses deux extrémités la vue très-caractérisée des cages d'escalier dont nous avons parlé. Le bâtiment étant en saillie sur l'alignement proprement dit, ces cages ont pu avoir une fenêtre sur la face principale et une sur le retour ; ces fenêtres sont de même largeur, leur sommet est à la même hauteur, mais leur appui, c'est-à-dire leur point de départ, n'est pas le même sur la face latérale que sur la face principale. Cela se comprend : l'escalier qui évolue à l'intérieur était le point de départ de l'ajustement de ces baies ; sur la face principale le palier de repos correspond rigoureusement à l'arcature basse réservée dans la partie inférieure de la baie, tandis que, sur la face latérale, cette arcature est franchement aveuglée pour recevoir derrière son parement le rampant de la révolution du deuxième escalier. Nous avons dit que ces larges baies ouvertes dans les escaliers étaient garnies de vitraux ; ajoutons que leur largeur (5^m,10) a motivé l'établissement de meneaux de pierre, afin de contenir ces mêmes vitraux.

L'espace réservé entre les deux escaliers, occupé par la galerie du rez-de-chaussée et celle du premier étage (dont nous avons parlé précédemment), a sa face extérieure en reculement de l'alignement des escaliers ; la composition architecturale consiste dans l'ajustement de neuf arcatures, dont les piliers, partant du sol, englobent les deux étages : rez-de-chaussée et premier ; ces arcatures sont plein-cintre avec un extrados en tiers-point. La corniche qui couronne les arcades est moins élevée que celle qui surmonte les escaliers, de sorte que ces cages, en saillie et plus hautes que le bâtiment qui les joint, sont surmontées d'un comble en pyramide, flanquant les extrémités du bâtiment sur la place du Trocadéro. Les neuf arcatures précédemment décrites sont coupées à la hauteur du plancher du premier étage par des plates-bandes formant des baies au rez-de-chaussée, garnies de belles menuiseries à verres à petits plombs, tandis que la partie supérieure de ces arcades constitue des fenêtres plein-cintre divisées par des meneaux de pierre.

La décoration extérieure de cette partie du palais est, comme ailleurs, scrupuleusement puisée dans les moyens d'exécution. Les murs proprement dits, comme on le verra plus loin, sont simplement bâtis en moellons piqués sur la face, c'est-à-dire taillés comme des assises de pierre; tous ces moellons sont réguliers de hauteur et forment des lignes continues dans tout l'ensemble du palais; chaque hauteur de moellon est de 0^m, 166, et, de deux en deux rangs, on a intercalé des bandes de marbre de Sampans (Jura) non poli; ce marbre, d'une couleur violacée rose, présente un ton qui s'harmonise très-heureusement avec celui de la pierre; c'est ce parti de construction décorative qui a été généralement employé dans tout l'ensemble. Les corniches, bandeaux, chapiteaux, soubassements et socles, là et partout ailleurs, sont en pierre dure ou tendre suivant l'emplacement; les frises et tympans sont décorés de mosaïques vénitiennes incrustées dans la pierre.

Le mur pignon qui reçoit l'adossement de la conque de l'orchestre de la salle, et dont nous avons déjà parlé,

Fig. 20. — Le Palais, vu de la place du Trocadéro.

est divisé en neuf travées verticales correspondant aux divisions inférieures; chacune d'elles se termine par un arc plein-cintre bas-relief couronné par une corniche horizontale, surmontée d'une balustrade, seulement ces arcades s'allongent progressivement d'une quantité égale et symétriquement à partir des extrémités du pignon pour venir se joindre à la travée du centre, qui est la plus élevée. Cette disposition, imitée de quelques pignons flamands, est originale et s'ajuste mieux avec le style de l'édifice que ne l'aurait pu faire un fronton aux corniches rampantes. Toutefois on estime que le pignon de la place du Trocadéro ne sera complet et ne produira son véritable effet que lorsqu'on l'aura couronné de statues sur les petits piédestaux qui séparent les travées (ainsi que le montre notre figure 20), et lorsque quelque ornementation décorative viendra colorer et accentuer le fond des arcatures des mêmes travées.

Il va sans dire que l'exécution matérielle de ce pignon est conforme à celle de toutes les autres parties du palais.

VI

LES DEUX TOURS.

Les deux tours, dont nous avons déjà entretenu le lecteur et qui flanquent à droite et à gauche le pignon de la place du Trocadéro, sont placées dans la profondeur de la partie de la salle destinée à l'orchestre, et que nous avons successivement désignée sous le nom de scène ou conque; leur masse vient opposer une culée de résistance au grand arc de maçonnerie qui ferme cette conque, et dont la largeur, comme on le sait déjà, n'est pas moindre de 30 mètres. Les quatre piliers qui portent chacune des tours n'ont pas moins de $12^m,25$ superficiels chacun.

Ils s'élèvent verticalement, reliés à deux niveaux, jusqu'à la hauteur de la corniche de la grande salle, c'est-à-dire à 32 mètres au-dessus du sol général du palais; une baie, sur chaque face dégagée des tours, éclaire cette première partie de leur hauteur; à partir de ce niveau, la masse carrée se rétrécit pour n'avoir plus que 9 mètres de largeur sur chaque face, et monte ainsi jusqu'à la hauteur de 30 mètres au-dessus du niveau précédemment cité; c'est à partir de ce point que s'élève le *belvédère* proprement dit, composé d'un soubassement, d'une arcature et d'un dôme. Nous allons reprendre successivement chacun des points de cette construction.

La partie inférieure des tours s'accuse au dehors au-dessus des combles et terrasses qui l'entourent; les murs sont exécutés en petits matériaux et bandes de marbre, comme les murs précédemment décrits; la fenêtre qui, sur chaque face, éclaire ce soubassement des tours est plein-cintre et garnie de *claustra* de pierre; les murs, ayant dans cette partie de la construction une épaisseur de $3^m 50$, la fenêtre qui les perce est ajustée en archi-

LE NOUVEAU PALAIS. 84

volte et dosserets retraités; cet ajustement donne à cette

Fig. 21. — L'une des tours, partie au-dessus des combles.

partie de la construction un certain caractère de force et de solidité ; ce soubassement de tour s'arrête à la hauteur de la rotonde de la salle, et la corniche qui couronne cette rotonde se poursuit à cette hauteur, ainsi que la balustrade à jour qui la surmonte, ce qui permet de faire le tour complet de la salle des fêtes et de ses annexes, à 32 mètres au-dessus du sol.

Le corps principal des tours, en retrait sur son soubassement, est un prisme droit à base carrée, d'une extrême simplicité de lignes, il n'est percé que de trois baies, dans sa partie supérieure, éclairant une chambre de repos, alors que toute la partie inférieure n'est ajourée que de barbacanes étroites, réservées pour l'éclairage rigoureusement utile de l'escalier intérieur. Les angles de cette partie des tours sont construits et décorés à l'aide des bandes de moellons piqués et de marbre; le milieu, au contraire, se compose de grandes lignes verticales avec parties creusées, accentuant vigoureusement ces lignes, tandis que le sommet du prisme est coiffé d'une robuste corniche à consoles rappelant quelque peu les anciens machicoulis ; au-dessus règne une balustrade aux angles surmontés de pinacles.

La difficulté de terminer ces tours était grande; il ne fallait, en effet, ni les coiffer comme les anciennes tours de défense, ni les achever comme un clocher d'église, en réservant un logis bien accusé pour des cloches ; il ne convenait pas enfin d'en faire des beffrois d'hôtels de ville ou de maisons communes. On s'en est tiré par une grande sincérité d'expression ; ces tours ne peuvent être, en effet, que des *belvédères* destinés à recevoir le public avide de contempler, de ces deux sommets les plus élevés de la capitale, l'ensemble et la perspective de la grande cité. Dès lors, il fallait abandonner les ouvertures étroites des beffrois, les abat-sons des clochers, les formes trop sévères des tours du moyen âge et accepter franchement l'ajustement d'un espace ouvert avec balcons, permettant au public de jouir du spectacle merveilleux qui s'offre à lui du sommet de ces points élevés; on imagina donc, tout en maintenant la forme carrée pour ces belvédères, de les élever sur un soubassement, les dégageant complétement de la balustrade et des saillies de la corniche situées au-dessous, et de les percer de quatre grandes arcades, une sur chaque face, de façon à laisser passer le soleil et la lumière à travers ces sortes de *ciborium* élevés.

Ces belvédères sont construits en pierre ainsi que les quatre balcons qui entourent chacun d'eux. Les colonnes isolées qui portent la retombée des arcatures sont en marbre Sampans. Les combles en fer, qui surmontent ces belvédères et qui sont revêtus de lames de cuivre dorées en partie, constituent des dômes carrés, dont l'étincelant éclat attire le regard. De grandes oriflammes aux couleurs nationales sont fixées au sommet des dômes et les quatre angles de chacun des belvédères sont occupés par un écusson doré aux armes de la République française.

L'intérieur des tours, dans la hauteur correspondant

au rez-de-chaussée et au premier étage, participe de la décoration modeste des bâtiments qui l'entourent et dans lesquels leur pied est engagé. Au rez-de-chaussée, une voûte surbaissée à nervures relie les quatre fortes piles qui portent la partie supérieure; une niche, ou cul-de-four, du côté de la partie fermée occupe une des faces; les trois autres faces sont de larges baies s'ouvrant sur les vestibules des pavillons de conférences, sur le palier des grands escaliers et sur la galerie circulaire pourtournant la salle des fêtes. Au centre du pied de chaque tour et dans un espace circulaire de 3^m,50 réservé au milieu de la voûte, est ajusté un *ascenseur* élevant le public à la base des belvédères (fig. 22).

Le premier étage des tours est de plain-pied avec le sol du premier étage des grands escaliers et des salles avoisinantes. Sur les quatre piliers montant de fond s'élève une voûte sphérique percée en pendentif sur ses quatre faces; au centre, traverse l'ascenseur. Deux des arcs de cette voûte donnent, l'un sur le palier du premier étage des grands escaliers, l'autre sur la galerie du premier étage, pourtournant la salle des fêtes ; le troisième arc donne accès à la salle des conférences et le quatrième contient, pour chaque tour, un escalier à double révolution montant à un petit salon de plain-pied avec le sol des loges d'avant-scène de la grande salle réservées au président de la République et au ministre de l'agriculture et du commerce.

Depuis le sommet de la voûte de cet étage jusqu'au

LE NOUVEAU PALAIS. 85

sommet des tours, l'intérieur de l'espace qu'elles forment n'offre rien de particulièrement intéressant; l'espace vide intérieur est un prisme droit à base carrée de 7^m,50 de côté; la lumière y pénètre par de petites

Fig. 22. — Ascenseur de la Tour, côté de Paris.

barbacanes, réservées sur chaque face des tours, et le centre de l'espace est occupé par les colonnes de l'ascenseur et l'escalier hélicoïdal qui l'enveloppe. Toutefois, avant d'arriver au niveau de la grande corniche des tours, on traverse une chambre de repos, dont le sol est déterminé par un plancher en fer à 9 mètres au-dessous de cette corniche. Ces chambres de repos sont accusées à l'extérieur par les trois petites baies qui décorent la partie haute des tours sur chaque face.

Arrivé au niveau de la partie haute de la grande corniche, l'ascenseur de chaque tour s'arrête, ainsi que son escalier hélicoïdal. L'un et l'autre débouchent dans une salle carrée correspondant au soubassement des belvédères; une porte sur chaque face de cette salle permet de sortir à l'extérieur sur le vaste balcon qui l'enceint et de jouir des horizons admirables du Trocadéro. Si l'on rentre dans la salle d'arrivée et qu'on reprenne le petit escalier placé dans l'angle de la pièce, on s'élèvera plus haut encore, c'est-à-dire de 3^m,50 au-dessus du point d'ascension, et on sera au niveau du belvédère proprement dit, c'est-à-dire à 66 mètres au-dessus du sol général du palais, à 90 mètres au-dessus du quai de Billy et à 92 mètres au-dessus du sol du parvis de Notre-Dame, c'est-à-dire à 26 mètres au-dessus de la plate-forme des tours de la cathédrale de Paris.

Si l'on veut se rendre compte de la hauteur des tours du Trocadéro par rapport aux autres édifices de Paris, il est nécessaire pour être exact de rattacher tous ces sommets à une ligne de niveau commune; chacun d'eux n'étant pas placé sur un terrain à la même altitude. Voici un tableau qui indique la hauteur des quatorze édifices les plus importants de la capitale, dont les sommets sont rattachés au niveau de la mer; on y verra que le Trocadéro est le plus élevé.

Tableau comparatif des hauteurs des principaux édifices de Paris.

NOMS des édifices.	ALTITUDE du sol de la voie publique au pied de l'édifice. (niveau de la mer.)	HAUTEUR du sommet de l'édifice au-dessus du sol de la voie publique.	HAUTEUR du sommet de l'édifice au-dessus du niveau de la mer.
	mètres.	mètres.	mètres.
Colonne Vendôme....	34,00	44,00	78,00
Opéra............	36,04	47,00	83,04
Tour Saint-Jacques....	36,00	54,00	90,00
Sorbonne..........	47,00	48,50	95,50
Saint-Vincent-de-Paul..	52,30	46,00	98,30
N.-D.-de-Paris (tours)..	35,10	66,00	101,10
Saint-Sulpice (tours)...	36,00	70,00	106,00
Arc de l'Étoile......	58,00	49,00	107,00
Val-de-Grâce.......	52,00	64,00	116,00
Sainte-Clotilde......	34,19	96,00	130,19
N.-D.-de-Paris (flèche)..	35,10	100,00	135,10
Panthéon.........	58,23	78,00	136,23
Dôme des Invalides...	38,59	100,70	139,29
Trocadéro.........	61,50	82,50	144,00

Fig. 23. — Mascaron de la cascade.
(Modèle de M. Legrain.)

VII

LES PAVILLONS DE CONFÉRENCES.

Les bâtiments, dits *pavillons de conférences*, sont placés entre la salle des fêtes, les tours et les galeries curvilignes d'exposition formant les ailes du palais; nous avons dit dans la description d'ensemble que la hauteur de ces pavillons était intermédiaire entre la hauteur de la salle des fêtes et celle des galeries; ces bâtiments contiennent en effet deux étages : le rez-de-chaussée, occupé par un vestibule, et le premier étage, occupé par une vaste salle, dite de conférences; nous allons les décrire successivement.

Les deux pavillons dont il s'agit sont identiques de forme, de dimension et d'affectation. Leur mesure entre les murs est de 24^m,50 de longueur sur 16^m,50 de largeur. Les *vestibules* (fig. 24) qu'ils contiennent au rez-de-chaussée forment les entrées proprement dites du palais et des jardins du côté de la place du Trocadéro.

Ces vestibules servent également de sortie au public, qui, venant du Champ de Mars par le pont d'Iéna, veut rentrer dans Paris par le plateau de Passy; ils sont, en un mot, le lien de l'extérieur du palais avec l'intérieur.

La salle des fêtes occupant le centre de la com-

Fig. 24. — Vue de l'un des vestibules.

position, un vestibule unique était impossible : il fallait donc en placer deux, et les placer à environ 80 mètres de distance l'un de l'autre, c'est-à-dire en réservant entre eux la place de la salle et de ses dépendances.

Ces vestibules, devant être surmontés d'une salle de conférences, leurs plafonds ne pouvaient être très-élevés au-dessus du sol sans créer, pour l'accès de ces salles, une difficulté trop sensible; la hauteur de 6 mètres de sol à sol a été adoptée. Afin de rendre moins écrasée la hauteur sous plafond et afin de supporter le plancher en fer de la salle, on a groupé deux à deux huit colonnes ornées de

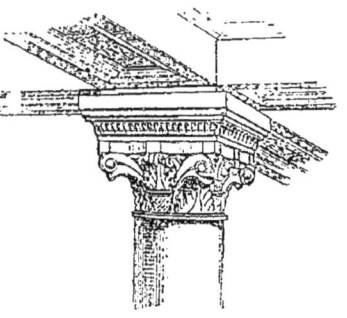

Fig. 25. — Un des chapiteaux du vestibule.

chapiteaux (fig. 25) et de bases. Ces colonnes sont en marbre du Jura d'un seul morceau et polies, leur diamètre est de 0^m,75, les bases et chapiteaux sont en pierres de Ravière. Le plafond, que les murs et colonnes supportent, est en fer apparent, les poutres principales allant des colonnes aux murs sont en fer plat et cornières et n'ont pas moins de 0^m,68 de haut; les fers secondaires qui posent sur les poutres et qui sont ajustés pour former caissons, sont des fers dits à double T de 0^m,26 de hauteur. Dans les caissons formés par le croisement des fers, on a disposé des panneaux de construction légère, décorés de moulures et d'ornements; on comprend, en effet, qu'un plancher, quelque résistant qu'il soit, peut et doit n'être solide qu'en certains points; le surplus est un remplissage qu'on peut traiter avec plus ou moins de simplicité ou de luxe, suivant l'effet qu'on veut produire. L'ornementation de ces vestibules, les chapiteaux à volutes, qui portent les tailloirs sur lesquels les fers sont posés, ont été généralement loués; le public a compris qu'il était bon que, au seuil même du palais de l'industrie moderne, on lui montrât que la métallurgie joue un rôle considérable dans l'art de bâtir contemporain, et que nos grandes voies de communication, nos chemins de fer et nos canaux, nous permettent de faire contribuer les richesses lithoïdes du sol au service de l'architecture, quels que fussent les dimensions et le poids des blocs monolithes à transporter.

Les trois baies donnant sur la place du Trocadéro et les trois baies ouvertes sur le parc peuvent être fermées la nuit. Des portes de bois eussent assombri leur intérieur, et de l'extérieur on y eût perdu un effet pittoresque des plus agréables; de la place du Trocadéro, l'œil pénètre en effet par des baies ouvertes jusque sur la plaine de Grenelle et, pendant l'Exposition, l'animation et la vie de cette partie de Paris percent pour ainsi dire les murs du palais et donnent envie d'entrer. On n'avait garde de troubler cet effet, aussi fut il décidé que ces vestibules seraient fermés par des grilles, laissant l'air, la lumière et le regard circuler librement. Les grilles dont il s'agit sortent des ateliers de M. Moreau, serrurier; elles sont composées de barreaux à enroulements, laissant au centre un espace libre pour l'ajustement d'une palme en fer forgé et doré. On trouve dans cette ornementation le T, chiffre du Trocadéro, et les armoiries de la ville de Paris, future propriétaire du palais.

Les vestibules ne donnent pas seulement accès dans le jardin : ils donnent entrée, d'un côté, dans la galerie circulaire pourtournant la salle des fêtes, au-dessous des tours, et par conséquent dans les ascenseurs et dans la galerie longeant la place du Trocadéro qui les réunit ensemble; du côté opposé, ils donnent accès soit aux galeries d'exposition, soit au petit portique à jour qui enveloppe les galeries du côté du jardin.

Les baies d'entrée des galeries d'exposition n'ont pas moins de 6 mètres de largeur; elles sont fermées par une menuiserie divisée en six travées. Cette menuiserie en chêne apparent et ciré sort des ateliers de M. Moisy. La partie supérieure est fixe et se compose d'une traverse horizontale vigoureuse, surmontée d'une série d'arcatures à jour fermées par des verres à petits plombs exécutés par M. Denis; la partie inférieure est en partie mobile, les panneaux d'extrémité sont fixes, mais les quatre panneaux du centre sont mobiles et ajustés de façon que la baie puisse s'ouvrir à deux ou à quatre vantaux, suivant l'importance de la foule; les panneaux inférieurs sont également revêtus de verres à petits plombs; de cette façon, le regard des spectateurs pénètre du vestibule dans les galeries et permet d'entrevoir les richesses d'art qui y sont accumulées.

Les salles, directement placées au-dessus de chaque vestibule, ont reçu le nom de *Salles de conférences ;* elles sont identiques de forme et de proportions, et mesurent 16^m,50 de largeur sur 12 mètres de hauteur. On y accède par les grands escaliers dont nous avons précédemment parlé, et on y entre par trois baies, placées sur l'un des côtés les plus longs; celle du centre débouche dans l'axe de la tour correspondante, et les deux baies latérales dans les vestibules ou avant-galeries placés latéralement à cette tour. Chaque salle de conférences est éclairée par trois baies plein-cintre au-dessus des baies d'entrée des vestibules, sur la place du Trocadéro, et par trois autres baies de même forme placées au-dessus des baies des vestibules sur le jardin.

Dans le projet primitif, un plancher en fer devait séparer la salle proprement dite du comble, et la partie centrale de ce plancher devait seulement être ouverte pour laisser pénétrer la lumière de la lanterne réservée au centre du comble. Pour des raisons d'économie, ce plancher résistant n'a pas été fait, mais il a été remplacé par une légère charpente en bois simulant à peu de chose près les dispositions qu'on devait prendre. L'ajournement de toute décoration dans les salles de conférences a été surtout motivé par l'indétermination où l'on était, au début de l'Exposition, de l'usage auquel ces salles pourraient être affectées. Depuis qu'on en a connu l'importance et comme dimension et comme mode d'éclairage, toutes les sociétés, les congrès, les associations d'artistes les ont réclamées. L'administration a été obligée de les concéder avec affectations successives, ce qui explique l'absence de décoration bien caractérisée ; elles servent à la fois en ce moment de salles de concerts de musique de chambre, de salles de conférences et de congrès, enfin de galeries de tableaux pour le musée de portraits historiques. Pour cette dernière affectationon, a dû tendre les murs d'une toile aux tons unis, boucher les baies verticales, ne conserver qu'une lumière du plafond, et enfin ajuster des tringles de suspension de tableaux et une *cimaise*. D'autre part, on voit dans ces salles une estrade destinée à recevoir soit un orchestre, soit une table à tapis vert pour le bureau et les orateurs de congrès ou de conférences. Le succès de l'Exposition universelle de 1878 aura été si complet que les locaux qu'on supposait trop vastes auront toujours été trop restreints, et qu'il aura fallu utiliser à deux fins des salles qu'on supposait devoir être fréquentées que par un public tout spécial.

Les pavillons dits de *conférences* apparaissent au sud et au nord sur une face seulement, placés qu'ils sont entre la salle des fêtes, d'une part, et les galeries d'exposition, de l'autre ; néanmoins leur aspect joue un rôle considérable dans l'ensemble de la composition. Nous avons déjà dit que leur hauteur élevée était un lien entre les vastes proportions de la salle des fêtes et les hauteurs restreintes des galeries d'exposition; il nous reste à indiquer le parti général de leur conception.

Leur aspect extérieur au dehors et au dedans du palais est identique; il se compose de trois arcatures, montant du fond du sol à la corniche supérieure, limitées à droite et à gauche par un contre-fort pilastre puissant, montant de fond également et supportant l'angle de la corniche. Ces arcatures sont coupées dans leur intérieur par un bandeau à la hauteur du plancher des salles de conférences; de cette façon, les trois baies qui donnent entrée aux vestibules du rez-de-chaussée sont nettement accusées par des plates-bandes s'ajustant avec les formes intérieures de ces vestibules, tandis que les trois fenêtres plein-cintre qui éclairent la salle du premier étage sont enveloppées par les arcatures mêmes, qui surmontent les quatre piliers formant les grandes lignes verticales de ces pavillons. Le tout est couronné d'un entablement à modillons avec une vaste frise faisant le tour des murs. Cette frise, dont la hauteur n'est pas moindre de 2 mètres, est décorée d'une ornementation rectiligne et curviligne de mosaïques dites vénitiennes, exécutées par les mosaïstes de M. Facchina; les tons rouges, bleus, verts, jaunes et or y sont harmonieusement répartis. La corniche qui surmonte cette frise est couronnée par une balustrade en pierre à panneaux de grès céramique à jour. Le comble, placé derrière cette balustrade et qui couvre ce bâtiment rectangulaire, est en fer de forme curviligne; au centre, une lanterne a été réservée pour aider à l'éclairage ; la couverture est en ardoises avec arêtiers et frises en plomb ornés.

On remarquera que l'ornementation constructive de ce pavillon est de même nature que celle des bâtiments que nous avons déjà décrits ; les lignes principales, corniches, architraves, chapiteaux, plates-bandes et socles sont en pierre, mais les murs proprement dits sont en moellons ou petites pierres taillées, ajustées entre elles à l'aide d'un appareil régulier ; ces assises, dont la hauteur est de 0^m,166, sont séparées, de deux en deux, par des bandes de marbre de Sampans de même hauteur. Ce mode d'exécution constitue une ornementation soignée et originale que les voyageurs qui ont vu Florence, Sienne, Constantinople et le Caire reconnaîtront et que l'artiste appréciera, car il ôte aux murailles cette froideur de la teinte unie si utile à éviter partout, surtout à Paris, où trop souvent un ciel sombre et gris fait souhaiter des contrastes colorés.

VIII

LES GALERIES DES AILES.

Comme nous l'avons déjà dit, les ailes du palais du Trocadéro sont occupées par des galeries éclairées par le haut et destinées à des expositions d'objets d'art ; ces galeries ont, depuis leur porte d'entrée sous les vestibules jusqu'au mur de face des pavillons de tête, une longueur de 200 mètres; leur forme est curviligne, et, si l'on étudie avec soin un plan du palais, on remarquera que cette courbe n'est ni un arc de cercle unique ni une ellipse; c'est un composé d'autant d'arcs de cercles et de rayons variés que ces galeries offrent de divisions principales.

Ces galeries en aile sont coupées à l'extérieur, du côté du jardin, en trois travées égales, déterminées par des pavillons dits *intermédiaires,* joints entre eux par un portique; l'extrémité des galeries est terminée par un pavillon important, surmonté d'un dôme et désigné sous le nom de *pavillon de tête.*

Pénétrons dans les galeries et étudions-les spécialement.

Nous avons dit que les galeries des ailes ont 200 mètres de longueur; prise dans l'axe, leur largeur entre les murs est de 12^m,80; ces murs sont courbes et tracés comme nous l'avons dit plus haut; leur hauteur est de 10 mètres depuis le sol de la galerie jusqu'à l'angle formé par le rampant du comble.

La division en trois travées, accusée par deux pavillons intermédiaires à l'extérieur, s'est traduite à l'intérieur par de doubles murs de refend percés de grands arcs correspondant à ces pavillons. L'espace entre ces deux murs est voûté en briques sur une forme métallique; du côté du pavillon, il existe une porte mettant en communication l'intérieur des galeries avec le portique extérieur; en face de la porte, et toujours entre les deux murs, se trouve une baie, donnant sur l'extérieur du palais, de forme plein-cintre et divisée par des meneaux en pierre recevant des verrières décoratives.

Les trois travées de galerie sont divisées chacune en treize parties égales déterminant la place de douze fermes en tôle et cornières destinées à porter le comble; ces fermes possèdent deux rampants formant un angle de 27 degrés à l'horizon; au centre, existe une lanterne ou partie ouverte et vitrée de 6^m,30 de largeur. La ferme proprement dite se compose de deux arcs venant se joindre au centre; l'espace entre les rampants et l'arc est rempli par des tôles découpées formant des rinceaux et des rosaces; les deux retombées portent sur des corbeaux en pierre scellés dans les murs; aucun entrait ou tirant de fer ne relie entre eux les points extrêmes de ces fermes, et néanmoins on a pu s'assurer que leurs éléments ne constituent pas un arc poussant au vide les murs sur lesquels elles s'appuient. Le calcul auquel ces fermes ont été soumises a fait prévoir à l'avance les heureux résultats qu'elles ont donnés, et l'on doit se féliciter d'une application métallique décorative qui n'est ni grêle, ni lourde, ni traversée de ces barres de fer dont les réseaux, enchevêtrés par la perspective, rappellent plus les cordages d'un navire ou les tendeurs d'un *velum* que les ajustements d'un comble monumental.

Les galeries dont nous nous occupons sont donc couvertes par une charpente qui ne dissimule ni la matière employée ni son ajustement; tout y est franc et sincère, et la forme simple et rationnelle qui en résulte constitue un effet monumental, qu'on est heureux de trouver dans l'application du fer aux édifices.

Les treize travées, déterminées par la division des fermes sur le mur extérieur, ont donné naissance à une répartition de baies verticales dans le mur des galeries du côté de l'intérieur; on a pensé, en effet, qu'une muraille de plus de 400 mètres de longueur, sans fenêtres, constituerait pour l'avenue du Trocadéro et la rue Franklin un aspect de prison fort regrettable; aussi, les murs ont-ils été percés de baies de $2^m,75$ de hauteur sur $1^m,90$ de largeur, divisées par un meneau ou mieux un point d'appui, géminant cette baie. Mais, les besoins intérieurs actuels exigeant des murailles verticales continues, on a condamné les fenêtres à l'aide de cloisons de bois, susceptibles d'être enlevées ultérieurement.

Si nous rentrons dans les galeries, nous remarquerons que leur ornementation décorative est des plus simples; les fermes qui portent le comble sont peintes en gris rehaussé de quelques filets dorés; les murs sont simplement tendus d'une toile peinte en brun rouge et destinée à servir de fond aux tapisseries et objets d'art qu'on y a entassés. Les murs pignons, les murs de refend et les voûtes des pavillons intermédiaires sont simplement décorés de tons avec filages d'appareil. Toutefois, on peut regretter que les nécessités d'une exposition d'art rétrospectif aient forcé à créer des cloisons et des divisions dans ces galeries. On croirait que chaque propriétaire d'objets d'art a voulu avoir sa galerie personnelle et s'exposer un peu lui-même en même temps qu'il exposait ses richesses; l'effet produit est malheureux au point de vue de l'ensemble.

Les murs extérieurs de ces galeries, comme nous l'avons dit, sont percés de baies géminées; ils sont construits en moellons d'appareil avec bandes de marbre dans les dimensions précédemment données; la partie qui correspond à la hauteur des fermes est occupée par des panneaux entourés de bandes de couleur en mosaïque; au centre de ces panneaux on a gravé les noms des artistes français qui, depuis le IXe siècle jusqu'à la fin du XVIIIe, ont jeté de l'éclat sur le travail national. Ces panneaux sont au nombre de 78, en comprenant l'aile du côté de Paris et celle du côté de Passy. Voici les noms chronologiquement placés, en commençant par la travée la plus voisine du pavillon de tête en face du bâtiment des phares, pour finir à la travée la plus voisine de l'établissement hydrothérapique de Passy :

Zénodore.	Villard de Honnecourt.	Jean Cousin.
Abbo.	Jean de Chelles.	Les Du Cerceau.
Éligius.	Robert de Coucy.	Jean Goujon.
Robert de Luzarches.	Raymond du Temple.	Pierre Lescot.
Pierre de Montreuil.	Jean Fouquet.	Les Henri Estienne.
Pierre de Montereau.	Jean Texier.	Philibert de L'Orme.
Hugues Libergier.	Ét. De Laune.	Les Limosins.

100   LE PALAIS DU TROCADÉRO.

Les Clouet.	Mich. Anguier.	F. Desportes.
B. Palissy.	Ch. Le Brun.	Antoine.
Germain Pilon.	Les Mansard.	Hyac. Rigaud.
Pierre Raymond.	Israël Silvestre.	Les Coustou.
Pierre Bontemps.	Les Lepautre.	N. Largillière.
J. Bullant.	P. Puget.	Lemoyne.
Les Briot.	P. Mignard.	E. Bouchardon.
Et. Duperac.	A. Le Notre.	Fr. Boucher.
J. et S. de Brosse.	G. Audran.	C.-J. Natoire.
Simon Vouet.	Jean Berain.	J.-B. S. Chardin.
J. Callot.	J. Jouvenet.	C.-C. Allegrain.
Lemercier.	Girardon.	J.-B. Greuze.
N. Poussin.	Parrocel.	J.-M. Vien.
Les Marot.	N. Coypel.	Les Vernet.
Eust. Lesueur.	J.-B. Oudry.	Aug. Pajou.
Gab. Pérelle.	Coysevox.	Michel Clodion.
Claude Lorrain.	Ant. Watteau.	Jos. Vernet.
Les Metezeau.	Les Drevet.	J.-B. Pigalle.
L. Levau.	Les Gabriel.	J.-A. Houdon.

Les pavillons intermédiaires s'accusent à l'extérieur par une travée en saillie avec une grande baie centrale garnie de verrières. Il va sans dire que les corniches, bandeaux, crêtes ornées, linteaux et appuis sont exécutés en pierre de taille ; les quelques ornementations coloriées qu'on trouve dans les tympans des arcs sont en mosaïque vénitienne. Le comble de ces galeries est couvert en ardoises et plomb ; la partie centrale, qui laisse pénétrer la lumière dans les galeries, est vitrée.

Voici la nomenclature des verrières qui garnissent la grande baie centrale et les noms des artistes qui les ont exécutées :

LE NOUVEAU PALAIS.

Grandes galeries d'exposition. — Côté de Paris.

Baie la plus rapprochée du pavillon de tête.

Sujet du vitrail : l'ameublement.
(M. Ottin, peintre-verrier à Paris.)

Partie supérieure. — Deux verrières.

A gauche : l'habitation du pauvre.
A droite : l'habitation du riche.

Partie centrale. — Trois verrières.

Au centre : le huchier (menuisier ébéniste).
A gauche : le tapissier à son métier.
A droite : le sculpteur dans son atelier.

Partie inférieure. — Trois verrières.

Les trois verrières sont occupées par un sujet unique : l'allégorie de la Menuiserie et de la Tapisserie sous les figures couchées d'un homme et d'une femme.

Baie la plus rapprochée du centre.

Sujet du vitrail : l'histoire de l'orfévrerie.
(MM. Roche et Hirsch, peintres-verriers à Paris.)

Partie supérieure. — Deux verrières.

Un sujet unique pour les deux verrières : saint Éloi remet à Dagobert le siége royal, qui lui avait été commandé.

Partie inférieure. — Trois verrières.

Au centre : Benvenuto Cellini ciselant son aiguière.
A gauche : un atelier d'orfévrerie repoussée et le travail au burin.
A droite : un atelier d'émaux cloisonnés.

Grandes galeries d'exposition. — Côté de Passy.

Baie la plus rapprochée du pavillon de tête.

Sujet du vitrail : la céramique.
(M. Steinheil, peintre-verrier à Paris.)

Partie supérieure et partie centrale. — Cinq verrières.

Une fabrique de céramique.

Au centre : des ouvriers s'occupent à préparer les objets de faïence ; un artiste peint un vase.

A gauche : un céramiste montre les produits de sa fabrication à des riches amateurs.

A droite : des ouvriers surveillés par un peintre céramiste s'occupent de la cuisson des faïences.

Partie inférieure. — Trois verrières.

Au centre : la céramique en Grèce.
A gauche : la poterie des premiers âges.
A droite : la céramique au Japon.

Baie la plus rapprochée du centre.

Sujet du vitrail : l'histoire de l'armurerie.

(M. Lafaye, peintre-verrier à Paris.)

Partie supérieure. — Deux verrières.

Des trophées d'armes de toutes les époques.

Partie centrale. — Trois verrières.

Au centre : le siége d'une place forte au moyen âge. Les combattants se servent des armes des XIVe et XVe siècles.

A gauche : une mêlée à l'arme blanche dans un pays montagneux et sauvage.

A droite : un combat au XVIe siècle. L'artillerie fait son apparition sur les champs de bataille.

Partie inférieure. — Trois verrières.

Trois panneaux en relief représentent des groupes d'armes à diverses époques.

IX

LES PAVILLONS DE TÊTE.

Les pavillons de tête sont des bâtiments importants terminant l'extrémité de chacune des ailes du palais. Ils forment à l'extérieur, du côté du Champ de Mars, le premier plan de la composition ; ils accusent le commencement et la fin du musée que les galeries contiennent. Leur importance est considérable dans l'ensemble : ils doivent être assez massifs pour bien arrêter l'œil aux extrémités, et, cependant, ne pas lutter avec la masse centrale qui constitue la raison d'être de tout l'ensemble. Chacun de ces pavillons, si on le considère pour ainsi dire à vol d'oiseau, se compose de quatre points d'appuis solides de quatre mètres superficiels, disposés en carré, laissant entre eux 9 mètres d'intervalle. Ces quatre points d'appui sont reliés par des arcs plein-cintre, et la surface carrée intérieure est couverte par une voûte sphérique s'accusant à l'extérieur par un dôme carré enveloppant tout l'ensemble. A droite et à gauche et dans le plan de façade, sont ajoutées à la salle deux annexes latérales en terrasse, s'élevant un peu moins haut que le pavillon principal. C'est cette salle centrale et ses annexes qui constituent dans leur ensemble le *Pavillon de tête.*

Si l'on considère la situation topographique du sol

du Trocadéro, on verra que les projets, exécutés en partie en 1867, ont transformé la butte de Chaillot en un vaste plan incliné, partant du sommet de Passy jusqu'au quai de la Seine. Les ailes du palais s'avançant du point le plus haut vers le fleuve, devaient avoir naturellement un soubassement augmentant de hauteur, au fur et à mesure que ces ailes s'éloignaient du point culminant ou s'approchaient de la Seine, étant donné que le sol des galeries contenues dans ces ailes était maintenu de niveau. C'est ce qui fait que le sol des salles voûtées des pavillons de tête est à 8^m,50 au-dessus du sol du jardin qui les entoure, bien qu'elles soient de plain-pied avec les vestibules des pavillons de conférences dont le sol n'est relevé que d'un mètre au-dessus de la place du Trocadéro. On a pensé qu'il convenait d'utiliser cette différence de niveau en créant, au-dessous des salles des pavillons de tête, un vestibule, dont le sol serait à peu de chose près de niveau avec le jardin. Bien que les galeries n'aient pas de soubassement ou fondation accessible au public, la partie des ailes, qu'on appelle les pavillons de tête, possède donc un rez-de-chaussée qui, non-seulement est ouvert à la foule, mais permet de communiquer à couvert du sol des jardins dans les galeries, à l'aide d'un grand escalier percé dans le centre de la travée voisine du pavillon de tête. Cet escalier est précédé d'un vestibule qui a les dimensions de ce pavillon.

Le vestibule du pavillon de tête sud-est est le même

que celui du pavillon nord-ouest; il est éclairé à ses deux extrémités par une large fenêtre à balcon de pierre

Fig. 26. — Vue du pavillon de tête, côté de Passy.

porté sur consoles. Il est ouvert du côté du jardin par trois baies en arc séparées entre elles par de légers piliers, le tout ne formant en quelque sorte qu'une seule baie;

des portes en chêne ciré à poignée de bronze les ferment; la partie haute de ces portes est à jour avec vitraux à petits plombs; le plafond des vestibules est en fer apparent, de larges poutres correspondent horizontalement aux lignes verticales des contre-forts qui traversent cette pièce. Les poutres en tôle et cornières, et les fers à T dont se compose ce plancher, sont ajustés en caissons réguliers; des ornements en staff ou plâtre moulé sont scellés dans le fond de ces caissons, ce qui constitue une décoration aussi rationnelle qu'économique. L'escalier qui conduit au sol des galeries est disposé en face des portes des vestibules; il a 4 mètres de largeur, le nombre des marches est de 40. Ces marches et les paliers de repos qui les séparent sont exécutés en pierre de Cruas de $0^m,065$ d'épaisseur, posées sur des fers en U de $0^m,15$ de hauteur, scellés dans les murs d'échiffre : les angles de l'escalier, vers le vestibule, sont arrondis ; on sent que la préoccupation de satisfaire aux exigences de la foule a dominé la composition.

La décoration de ces vestibules est fort simple, les fers sont accentués vigoureusement, et les panneaux de staff qui les séparent sont de tons clairs. Les murs de la salle sont de tons solides, jaune et vert rompu, les contreforts sont accentués par des imitations d'assises ; ces murailles sont d'ailleurs très-convenablement ornées par les œuvres d'art qu'on y a placées.

L'architecte doit surtout se préoccuper de l'usage des salles qu'il crée et leur décoration doit être subordonnée à la nature et à l'aspect décoratif des objets qu'on y doit disposer.

Si, des vestibules, nous remontons aux salles voûtées du premier étage, qui leur sont directement superposées, nous observerons que, là encore, la préoccupation du meuble garnissant a dominé le parti décoratif : le soubassement de la salle est d'un ton brun rouge, de façon à bien recevoir les armoires de bois noir, les faïences, les marbres ou les bronzes qu'on y a adossés; la partie supérieure de la salle est claire; elle se compose d'un ton jaune brillant, couvert d'un appareil d'assises à filets rouges; cette harmonie tranquille n'est rompue que par les larges arcs doubleaux, dont nous avons parlé, et qui sont décorés de cartouches avec palmes, portant les noms des maîtres de l'école française; le dôme en pendentif porte au centre le millésime 1878.

L'ornementation des deux salles n'est pas identiquement la même; les artistes, qui en ont été chargés, ont été laissés libres d'interpréter la décoration qui leur a été tracée; le pavillon nord-est a été peint par M. Rey et le pavillon sud-ouest, par M. Fréchou.

Voici le nom des maîtres de l'École française inscrits dans les cartouches des arcs doubleaux de la voûte.

Coté nord-est :

Robert de Luzarches.	Ph. Delorme.	Ch. Lebrun.
Pierre de Montreuil.	P. Lescot.	P. Mignard.
Jean Goujon.	N. Poussin.	P. Puget.
Jean Cousin.	E. Lesueur.	J.-H. Mansart.

Coté sud-ouest :

L. David.	Delacroix.	David d'Angers.
Percier.	H. Vernet.	H. Flandrin.
Géricault.	Duban.	Rude.
Gros.	Ingres.	Labrouste.

L'extérieur des pavillons de tête accentue très-nettement les formes intérieures. Les quatre contreforts, dont nous avons parlé, sont vigoureusement accusés la coupole intérieure s'affirme au dehors, pour ainsi dire, par la forme d'un de ses grands arcs, qui constitue une large verrière divisée par des meneaux ; la retombée de cet arc est portée par des colonnes monolithes de marbre, avec chapiteaux et bases de pierre. Les murailles des annexes latérales sont pleines sur la face principale, un simple médaillon de 1^m,75 de diamètre en occupe le centre ; ces médaillons sont exécutés en mosaïque de Venise, ils représentent un cartouche entouré de lauriers sur fond d'or, mentionnant les grandes époques de l'histoire de l'art :

Art antique.	Art oriental.
Art moyen âge.	Art renaissance.

Les frises de ce pavillon sont également décorées de mosaïques d'un dessin analogue à celui des pavillons de conférences ; les corniches, bandeaux, archivoltes, impostes et balustrades sont en pierre, le surplus des murs est exécuté en moellons piqués ou en petits matériaux avec bandes de marbre de Sampans. Le dôme carré qui surmonte ce pavillon, est couvert en ardoises avec plombs repoussés, ornés et dorés ; le sommet du dôme reçoit un ajustement ornemental servant d'assouchement au paratonnerre-hampe de drapeau, qui le surmonte. Les quatre piles ou contre-forts, qui contre-buttent la calotte intérieure, sont couronnés au dehors par un assouchement en pierre évidé portant des drapeaux : cet ajustement est le même que celui des angles des pavillons dits de conférences.

Voici les sujets des verrières de ces deux pavillons et les noms des artistes :

Pavillon de tête. — Côté de Paris.

Baie centrale, faisant face au Champ de Mars.
Sujet du vitrail : l'architecture.
(M. Nicod, peintre-verrier à Paris.)

Partie supérieure. — Trois verrières.

Au centre : la Peinture et la Sculpture s'appuient sur l'Architecture.
A gauche : Robert de Luzarches et Pierre de Montreuil.
A droite : Androuet du Cerceau et Jean Bullant.

Partie inférieure. — Quatre verrières.

A gauche : les moines de Cluny bâtissent une église.
A gauche : Hugues Libergier trace une épure.
A droite : fouilles du forum romain au XVIe siècle. — Philibert De L'Orme dessine des fragments antiques.
A droite : Philibert De L'Orme montre à Henri II et à Diane de Poitiers le portail d'Anet. Jean Goujon assiste à l'entrevue.

Baie latérale, côté nord-est.

Sujet du vitrail : la sculpture.

(M. Queynoux, peintre-verrier à Paris.)

Partie supérieure. — Deux verrières.

Les deux verrières sont occupées par un sujet unique : la Gloire attend les grands artistes, les mains chargées de couronne.

Partie inférieure. — Trois verrières.

A gauche : la France. — Jean Goujon reçoit la visite de Henri II et de Diane de Poitiers.
Au centre : l'Italie. — Léon X visite Michel-Ange.
A droite : l'Espagne. — Alonzo Borgett montre au roi d'Espagne le bas-relief de l'Assomption de la Vierge.

Baie latérale, côté sud-ouest.

Sujet du vitrail : la peinture.

(M. Hirsch, peintre-verrier à Paris.)

Partie supérieure. — Deux verrières.

A gauche : la peinture de genre. — Claude Lorrain peint un paysage.
A droite : la peinture en miniature. — Un moine peint un manuscrit.

Partie inférieure. — Trois verrières.

A gauche : la peinture d'histoire. — Léonard de Vinci montre à François Ier le tableau du jugement dernier de son élève Jean Cousin.
Au centre : la peinture murale. — Lesueur peint à la Grande-Chartreuse la vie de saint Bruno.
A droite : la peinture sur verre. — Pinaigrier dans son atelier exécute un vitrail.

LE NOUVEAU PALAIS.

Pavillon de tête. — Côté de Passy.

Baie centrale, face au Champ de Mars.

Sujet du vitrail : l'histoire de l'imprimerie.
(M. Ch. Levêque, peintre-verrier à Beauvais.)

Partie supérieure. — Trois verrières.

Au centre : un atelier d'imprimerie en taille-douce.
A gauche : Laurent Coster et Thomas Pierre, son gendre.
A droite : Pierre Caron et Alde Manuce.

Partie centrale. — Quatre verrières.

A gauche et au centre : un atelier d'imprimeurs au XVe siècle.

Au centre et à droite : Louis XI visite le premier atelier d'imprimerie établi à Paris.

Partie inférieure. — Quatre verrières.

A gauche : Simon Vostre.   A droite : Philippe le Noir.
— Galliot du Pré.   — Robert Estienne.

Baie latérale, côté nord-est.

Sujet du vitrail : l'histoire de la gravure.
(M. Ch. Levêque, peintre-verrier à Beauvais.)

Partie supérieure. — Deux verrières.

A gauche : Bernard Milnet faisant de la gravure sur bois.
A droite : un second personnage prépare les bois pour la confection des planches (1445).

Partie inférieure. — Trois verrières.

Au centre : un atelier de préparation des plaques à graver.
A droite : Maso-Finiguerra découvre l'application de la gravure à l'imprimerie.
A gauche : Wenceslas d'Olmütz applique le procédé de l'eau-forte pour la gravure des plaques de métal.

Baie latérale, côté sud-ouest.

Sujet du vitrail : la reliure.

(M. Ch. Levêque, peintre-verrier à Beauvais.)

Partie supérieure. — Deux verrières.

A gauche : un atelier d'orfèvres appliquant sur les missels et livres d'heures des pierres précieuses et des garnitures d'or.

A droite : Catherine de Médicis reçoit les premiers exemplaires des plus belles reliures.

Partie inférieure. — Trois verrières.

Au centre : Charlemagne offre un riche évangéliaire à l'abbaye de Saint-Riquier.

A gauche : Cicéron reçoit les esclaves, habiles relieurs, qui lui sont envoyés par Atticus.

A droite : un intérieur d'atelier de reliure au XVIe siècle.

X

LES PORTIQUES DES AILES ET LES PAVILLONS INTERMÉDIAIRES.

Dans la description d'ensemble du palais que nous avons faite, nous avons dit que la partie concave des galeries en aile, celle du côté du jardin, était garnie d'un portique à jour ; on comprend en effet que les galeries-musées eussent été incomplètement desservies si, latéralement à leur longueur, on n'avait pu établir des sorties et des moyens de circulation pour le public ;

Fig. 27. — Vue de la salle des fêtes, prise d'un des portiques des ailes.

d'autre part, il était intéressant de pouvoir créer au sommet du coteau de Passy une vaste promenade, permettant le spectacle de l'admirable paronama de Paris, dans le développement des 400 mètres dont se compose la largeur du Champ de Mars et du Trocadéro.

Avant les constructions exécutées, le promeneur qui gravissait l'avenue de l'Empereur pouvait jouir de ce paronama depuis la rue de Magdebourg jusqu'à l'angle de la rue Franklin avec l'établissement hydrothérapique ; il le peut encore maintenant, avec autant de sécurité et de charme, sous un portique couvert, à l'abri des intempéries de la saison. Ce portique (fig. 27) s'étend d'une façon continue, mais sinueuse, comme une route en corniche sur le flanc d'une montagne, depuis le pavillon de tête sud-ouest jusqu'au pavillon de tête nord-est, en pourtournant la salle sous la galerie du rez-de-chaussée ; la promenade que l'on peut faire ainsi de plain-pied, à couvert et toujours abrité d'un côté, est de plus d'un demi-kilomètre (540 mètres). C'est là, croyons-nous, un des côtés exceptionnels de la composition du palais du Trocadéro, et nous estimons que, si, dans la pratique des lieux, au lieu d'enfermer les galeries de l'histoire de l'art (sous prétexte de sécurité pour les richesses qu'elles contiennent), on eût ouvert les portes qui donnent sous les portiques, la circulation y eût été active, animée ; l'Exposition eût pris, du haut de ce point culminant, un aspect vivant et gai que ne sauraient lui donner des portiques transformés en impasses.

10.

Les portiques dont nous entretenons le lecteur ont 5 mètres de largeur. Ils ne s'étendent pas uniformément des pavillons de conférences aux pavillons de tête, ils sont coupés, nous l'avons dit, en six parties par quatre pavillons dits *intermédiaires*; la longueur de chaque partie est de 53 mètres; elle se compose de dix-neuf entre-colonnements et de dix-huit colonnes, plus deux pilastres d'extrémité; ces colonnes sont monolithes, d'ordre dorique composite, portées sur piédestaux en pierre avec balustrades également en pierre, mais avec balustres en grès cérame.

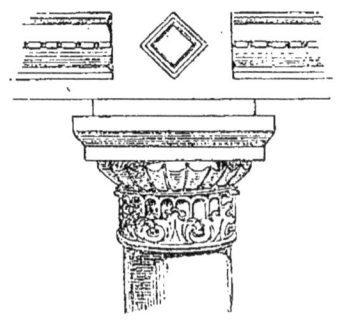

Fig. 28. — Chapiteau du portique des ailes.

La corniche qui surmonte cet ordre est portée par une architrave en pierre d'un seul morceau, reliant de larges sommiers doubles faisant saillie de chaque côté des chapiteaux (fig. 28). La corniche reçoit un chéneau en terre cuite, dans lequel viennent se déverser les eaux du comble du portique; ce comble est en fer à un seul versant; il s'appuie sur le mur de face des galeries et porte sur l'entablement de la colonnade; il est couvert de tuiles de couvre-joints, à grandes dimensions, faites spécialement sur modèles; ces tuiles devaient être émaillées, mais la rapidité de l'exécution n'a pas permis de leur faire subir cette opération; on a dû les poser à l'état de terre cuite passée au silexore. Le plafond des portiques a été exécuté en enduits sur ossature de fer, formant caissons moulurés.

Les divers essais qui ont été tentés ont démontré que le ton rouge, composé de vermillon et de laque, était le fond qui convenait le mieux à la décoration des murs du portique du Trocadéro. Cette couleur, en effet, est riche et brillante, elle fait ressortir vigoureusement les colonnes et points d'appui des premiers plans ; de plus, elle ne *perce* pas les murs : c'est avec raison que les anciens, les Grecs et après eux les Romains et les Pompéiens, ont si souvent employé cette coloration rouge pour les surfaces de second plan. Au Trocadéro, on l'a mise à contribution non-seulement sous les portiques des ailes, mais encore sous les galeries de la grande salle, unifiant ainsi dans une même tonalité décorative cette vaste promenade à couvert. Le plafond des portiques reçoit à son tour quelques tons clairs, mais colorés, et le ton rouge des murailles se termine sous le plafond par une frise ornée de cartouches et de grecques.

Les cartouches en nombre égal à celui des entre-colonnements sont de 114 ; on a pensé qu'il convenait d'y insérer les noms des artistes de premier ordre de l'école française du XIXe siècle, morts depuis 1800 jusqu'à nos jours, comme un hommage légitime à leurs talents ou à leur génie, en reconnaissance des services qu'ils ont rendus à l'art ou à l'industrie d'art moderne.

Voici la liste de ces noms rangés par date de décès,

et dont l'inscription commence près du pavillon de tête nord-est, pour finir près du pavillon sud-ouest :

Chaudet.	Couder.	H. Vernet.
Chinard.	Papety.	Toussaint.
Roland.	Debret.	E. Delacroix.
Duvivier.	Odiot.	J. Debay.
Michalon.	Drolling.	Alaux.
Prudhon.	Huvé.	Rémond.
Girodet.	Pradier.	H. Flandrin.
Géricault.	Fontaine.	Nanteuil.
David.	Blouet.	Heim.
Lemot.	Visconti.	Court.
Rondelet.	Guérin.	Diaz.
J.-B. Regnault.	Vinchon.	Duret.
Guérin.	Rude.	Les Deveria.
Gros.	C. Roqueplan.	Gudin.
Ld Robert.	Froment Meurice.	Troyon.
C. Vernet.	J.-J. Barre.	Gisors.
Sigalon.	P. Delaroche.	Belloc.
Gérard.	David d'Angers.	Thierry.
Percier	Ziégler.	De Luynes.
Huyot.	Simart.	L. Boulanger.
Cortot.	Lassus.	Les Seurre.
Thomire.	Desnoyers.	Ingres.
Peyre.	A. Scheffer.	Hittorff.
J.-E. Dumont.	Hersent.	Brascassat.
F.-J. Bosio.	Saint-Jean.	Paccard.
Charlet.	Raffet.	H. Lebas.
Marilhat.	Decamps.	T. Rousseau.
Richomme.	J. Coignet.	Marochetti.
Granet.	A. de Pujol.	Picot.
Massard.	Caristie.	Ciceri.
Mme de Mirbel.	Garnaud.	Dauzats.
Gérente.	Petitot.	Flers.
Les Johannot.	Foyatier.	N. A. Hesse.

J.-P. Dantan.	C. Dufeu.	Corot.
Schnetz.	L. Vaudoyer.	Perraud.
Duban.	E. Beulé.	Martinet.
Monvoisin.	H. Labrouste.	Pils.
H. Regnault.	Barye.	Daubigny.
E. F. Bertin.	V. Baltard.	

Le sol de ces galeries est exécuté en mosaïque de marbre fait dans les ateliers de M. Facchina.

Les *pavillons intermédiaires*, faisant en quelque sorte partie des portiques que nous décrivons, sont des porches coupant en trois parties l'aile droite et l'aile gauche du palais. Leur corniche est à la hauteur de la corniche des galeries, formant second plan. Leur présence est justifiée par la nécessité de rompre la monotonie d'une colonnade qui, sans eux, eût eu deux cents mètres de longueur, et par la nécessité d'accuser nettement les quatre perrons ou montées qui mettent le jardin en communication avec les galeries des ailes. La façade principale de ces pavillons se compose d'un grand arc plein-cintre, porté sur des pilastres se raccordant de forme et de hauteur avec l'ordonnance du portique. En plan, ces pavillons sont carrés ; ils possèdent à l'intérieur un arc plein-cintre sur chaque face, lequel est relié par une coupole sphérique à pendentifs raccordés dans des pans coupés. Une riche corniche à l'extérieur, décorée de modillons et surmontée d'acrotères, silhouette les trois faces visibles de ces annexes ; la quatrième face est adossée aux galeries et conséquemment n'existe pas au point de vue décoratif. Le pavillon tout entier est couvert par un dôme carré, construit en briques et couvert en ardoises et plomb ornementé et doré. Un paratonnerre porte-drapeau est ajusté au centre sur un assouchement également en plomb. Les portiques, que nous avons décrits précédemment, viennent butter sur les façades latérales des pavillons intermédiaires.

En avant de leur alignement et en saillie sur le mur de soutènement des ailes, du côté du jardin, on a établi, en face de chaque pavillon, un perron qui permet de monter du sol du jardin au sol du portique. Comme le mur de soutènement augmente de hauteur à mesure qu'on se rapproche des pavillons de tête, les perrons dont nous parlons sont d'inégale hauteur deux à deux, c'est-à-dire que les perrons des deux pavillons intermédiaires les plus éloignés de la salle centrale ont plus de marches que les perrons des deux pavillons qui s'en rapprochent le plus. Ces escaliers extérieurs sont en pierre dure pour la plus grande masse de leur construction et en moellons piqués de roche pour le surplus; ils sont à deux révolutions symétriques par rapport à l'axe : un palier de repos central, dont le sol est de 0^m,75 en contre-bas du sol des portiques, les réunit. Cette différence est rachetée par cinq marches placées dans la largeur du grand arc du pavillon. Ce palier de repos offre une particularité : la balustrade y est en encorbellement et forme balcon ; c'est là un motif original et d'un bon effet.

LE NOUVEAU PALAIS. 119

La décoration extérieure des pavillons intermédiaires participe de celle de toutes les autres parties du palais : acrotères, corniches, chapiteaux et soubassements en pierre sculptée et ornée, murs en petit appareil avec bandes de marbre de Sampans, tympans et frises ornés de mosaïques vénitiennes.

L'intérieur est également construit en pierre ; la voûte en coupole est en briques de Bourgogne apparentes de 0^m,11 d'épaisseur, jointoyées à l'anglaise. Des bandes horizontales de mosaïque de 0^m,20 de largeur ont été introduites sur la surface visible de cette coupole ; ces bandes représentent une grecque bleue ou verte sur fond d'or ; cette alliance de briques et de mosaïque habilement associées est très-appréciée.

Le sol du pavillon, qui n'est autre que la continuation du sol des portiques, est également en mosaïque de marbre. La composition de cet intérieur de porche laisse apparaître trois tympans de forme demi-circulaire, sur les faces entourant la face principale : ces tympans sont actuellement sans décoration. Il entrait dans le projet d'occuper ces surfaces par des mosaïques ornementales ; malheureusement, le temps et l'argent ont manqué.

Le mur opposé à l'arc de face est percé d'une porte de 2 mètres sur 4 mètres donnant accès aux galeries fermées ; cette porte est en chêne apparent et ciré, garnie de vitraux à petits plombs dans sa partie supérieure et munie de ferrures et de poignées de bronze nickelé, exécutées sur modèle. Ces portes, comme toute la menuiserie des ailes, sortent des ateliers de M. Moisy; les ferrures et objets de quincaillerie ont été exécutés, ainsi que dans tout le palais, par MM. Bricard frères, les vitreries à petits plombs par M. Denis.

XI

LA CASCADE.

La cascade n'est assurément pas la partie des constructions du Trocadéro la plus utilitaire, mais c'en est assurément la plus attrayante pour le public. L'eau donne la vie à un édifice, comme la lumière en détermine les formes.

Quand on est placé dans l'axe du pont, qu'on regarde l'ensemble et l'ajustement de la salle des fêtes, à l'heure où le fontainier n'a pas encore ouvert ses robinets, un sentiment particulier se dégage du spectacle qu'on a sous les yeux; mais il est certainement différent de celui qu'on éprouvera quelques heures plus tard, lorsque la grande nappe d'eau tombera du château d'eau, que les douze bouquets liquides sortiront des parterres étagés de la cascade et que les abondantes gerbes et le jet d'eau central s'élèveront du bassin qui forme le premier plan de la décoration architecturale. Le calme, la solitude, l'ordonnance sévère auront

Fig. 29 — Vue de la Cascade, prise du bas du jardin.

cédé la place au bruit, au mouvement et à la vie amenés par ce fleuve qui tombe au pied d'un édifice avec accompagnement de jets qui montent. Pour peu que le soleil se montre, chaque goutte qui ruisselle se

Fig. 30. — Vue du Palais du Champ de Mars, prise de l'intérieur du château d'eau de la cascade.

transforme en prisme qui fait miroiter la lumière; le vent lui-même, en poussant dans l'air le brouillard léger des eaux, crée des arcs-en-ciel dont les couleurs chatoyantes et irisées montrent le palais à travers des voiles multicolores.

Ces moyens décoratifs sont assurément factices, ils

n'ajoutent rien à la valeur d'un monument, mais ils le placent dans un cadre exceptionnel et vivant, car la nature, intervenant, a apporté son antithèse d'animation et de bruit à l'immobilité des matériaux de construction. Si à ce spectacle s'ajoute encore la végétation qui encadre, la statuaire qui anime, la couleur qui égaye et l'or qui brille, l'œuvre se montre parée de toutes les séductions pittoresques connues. Le public comprend ces effets et les aime; il suffit de constater son désappointement lorsque, venu trop tôt, il a devancé l'heure où l'eau jaillit, ou que, arrivé trop tard, il n'a pu voir la cascade qu'après le silence et l'immobilité de ses eaux.

Fig. 31. — Clef ornée du château d'eau de la cascade. (Modèle de M. Legrain.)

La cascade proprement dite peut se diviser en trois parties : le *château d'eau*, les *cascatelles* et le *grand bassin*.

Le *château d'eau* est une masse de construction évidée de 24 mètres de largeur sur 10 mètres d'épaisseur, adossée au soubassement de la salle. Sa partie supérieure, ou sa plate-forme, est à 1^m,75 en contre-bas du sol général du palais et à 7 mètres au-dessus du sol du jardin proprement dit. Sur cette plate-forme on a placé un bassin avec contours curvilignes et rectilignes, dont la surface est de 130 mètres; c'est ce bassin qui, à l'aide de trois tuyaux de 0^m,60 de diamètre, circulant horizontalement dans l'épaisseur des reins des voûtes et dans les soubassements de la salle des fêtes, reçoit l'eau du grand bassin ou réservoir situé sur la place du Trocadéro. Le bassin du château d'eau a ses bords inégalement relevés, et la partie curviligne, située en encorbellement, possède un profil qui facilite le déversement de l'eau. La nappe qui sort de ce réservoir élevé a un développement de 15 mètres de largeur sur une hauteur de 9 mètres. La masse d'eau qui provient du bassin de la place du Trocadéro, lequel est alimenté par la pompe à feu de Chaillot et les réservoirs de Passy, n'est pas moindre de 20,000 mètres cubes par jour, sans compter les bouquets, gerbes et jets, dont nous parlerons ci-après. Or, comme la cascade proprement dite ne fonctionne en moyenne que sept heures par jour, il en résulte que le débit par heure est de plus de 2,800 mètres cubes.

Fig. 32. — Clef ornée du château d'eau de la cascade. (Modèle de M. Legrain.)

Nous avons dit que le château d'eau était évidé; les

architectes en ont fait effectivement une grotte ou nymphée, se composant de deux parties carrées à droite et à gauche de l'axe et d'une partie centrale au milieu, plus large et plus profonde. Le fond de cette partie centrale se termine par un cul-de-four, engagé sous les fondations de la salle des fêtes; ce cul-de-four est percé de niches au pourtour, destinées à recevoir des statues. Toute cette grotte est couverte par des voûtes d'arêtes, des voûtes en berceau et des voûtes sphériques; on y pénètre et on la traverse dans toute sa largeur. Des baies latéralement placées donnent entrée et sortie dans cette grotte. Si, placé au dehors, le regard se porte sur la face principale du château d'eau, on observe que la partie centrale est percée d'un arc plein-cintre surbaissé, dont la hauteur est de 4^m,20 et la largeur de 6 mètres; on comprend que cet arc correspond à la voûte et à la grotte principale du centre. Une voussure appareillée au-dessus de cet arc forme un puissant encorbellement supportant le déversoir du bassin supérieur; cette voussure, dont le surplomb sur le mur des constructions n'est pas moindre de 1^m,10, offre un vigoureux effet d'ombre et de lumière. On a pensé que, si l'eau s'épanchait par un simple musoir rectiligne, les effets du soleil sur la nappe d'eau seraient moins puissants que sur un musoir courbe; on a eu raison, et l'ensemble de cette voûte hardie offre un contraste heureux, par sa vigoureuse accentuation, avec les parties supérieures du palais, qui sont délicates et légères.

A droite et à gauche de la baie centrale, séparées et encadrées par des pilastres-gaînes, formes essentiellement décoratives, sont percées deux arcades de 2 mètres de largeur sur 4ᵐ,10 de hauteur ; ces arcades éclairent le nymphée et constituent, pour le spectateur placé à l'extérieur, deux points noirs vigoureux accompagnant le trou noir central du grand arc surbaissé. Ce dernier étant absolument réservé au spectacle de l'Exposition du Champ de Mars, vu de la grotte, aucun objet n'y a été placé ; mais les arcades latérales ont reçu, sur des piédestaux ménagés à cet effet, deux charmantes figures, chefs-d'œuvre de grâce et de difficulté vaincue, dues au ciseau de MM. Cavelier et Thomas. La première de ces statues représente l'*air*; la seconde, l'*eau*. Jamais artistes n'ont résolu avec plus d'habileté un programme aussi sculptural, n'ont mieux compris la nécessité d'une silhouette heureuse sur un fond vigoureux et ne l'ont obtenue avec plus de charme et d'harmonie.

La décoration du château d'eau rappelle, dans ses formes architecturales, les grottes de la Renaissance italienne et française. L'appareil de pierre y est accentué vigoureusement par de lourds bossages. Les corniches et bordures y sont exprimées avec force ; les balustres eux-mêmes qui entourent la plate-forme supérieure y sont faits avec ampleur. Six piédestaux surmontent les groupes de pilastres-gaînes, dont nous avons déjà parlé, et ces piédestaux sont terminés eux-mêmes par des figures assises, dont la composition et l'exécution ont été confiées à six des artistes les plus éminents de l'école française moderne.

La commission des beaux-arts, nommée par le ministre de l'agriculture et du commerce pour donner son avis sur les questions d'art appliqué à la décoration du palais, a compris que les groupes destinés à la cascade du Trocadéro devaient être demandés à des statuaires de premier ordre; aussi elle a accueilli avec empressement le programme et le choix qui ont été proposés pour la décoration de la plate-forme. Six places étaient à occuper; on a proposé, afin de répondre au caractère universel de l'Exposition, de consacrer ces figures à la personnification des grandes parties du monde, et, en divisant l'Amérique en deux groupes, Amérique du Nord et Amérique du Sud, on a constitué ainsi six figures susceptibles d'être placées sur les piédestaux réservés.

Fig. 33. — L'Europe.
(Modèle de M. Schœnewerck, statuaire.)

Voici les noms des artistes chargés de ces groupes : l'Europe, M. Schœnewerck ; l'Asie, M. Falguières ; 'Afrique, M. Delaplanche ; l'Amérique du Nord, M. Hiolle ;

l'Amérique du Sud, M. Aimé Millet; l'Océanie, M. Mathurin Moreau.

La partie de la cascade, qui se trouve entre le château d'eau et le grand bassin, et que nous désignons sous le nom des *cascatelles*, a 22^m,50 de largeur sur 62^m,50 de longueur. La partie haute, qui confine au château d'eau, forme un premier bassin de 22^m,50 sur 12 mètres; c'est ce bassin qui reçoit directement l'eau de la grande chute du déversoir.

Immédiatement au-dessous est placée la partie dite des cascatelles, divisée en trois zones longitudinales, recoupée transversalement par sept gradins

Fig. 34. — L'Afrique.
(Modèle de M. Delaplanche, statuaire.)

ou déversoirs de 0^m,70 de hauteur, suivant la pente naturelle du sol. La travée du milieu de la cascade est seule occupée par les déversoirs, tandis que les zones latérales sont occupées par de petits bassins, au centre desquels sont ajustées des gerbes d'eau. Il existe, enfin, au pied des cascatelles, un second bassin, semblable à celui qui reçoit les eaux du château d'eau, et qui les déverse à son tour dans le grand bassin inférieur.

Les bordures qui séparent entre eux les bassins et les cascatelles ont 1^m,10 d'épaisseur; des piédestaux y semblent disposés pour recevoir des objets d'art. En effet, dans la pensée des auteurs du projet, ces 44 piédestaux devront être couronnés, dans un temps donné, par des vases de bronze ou de plomb, analogues aux vases de Lepautre des pièces d'eau de Versailles. Il y a lieu d'espérer que la ville de Paris, devenant propriétaire du Trocadéro, prendra à honneur d'achever tous ces compléments décoratifs.

Fig. 35. — Mascaron de la cascade.
(Modèle de M. Legrain.)

Le *grand bassin*, qui reçoit les eaux de la grande chute des cascatelles et des petits bassins latéraux, est naturellement au point le plus bas de la composition. Sa forme est un composé de parties circulaires et d'éléments rectilignes. Quatre points importants de son contour surgissent à l'œil; ce sont les quatre piédestaux, placés aux angles du carré, qui en limitent la partie centrale, surmontés d'animaux. Entre ces piédestaux et sur les côtés du carré, parallèles au grand axe du palais, sont ajustées des annexes au bassin de forme demi-circulaire, tandis que les côtés du carré, perpendiculaires au grand axe, reçoivent, l'un, le déversoir des cascatelles et des bassins supérieurs, dont nous venons de parler, et, l'autre, la bordure de face du bassin, tracée en arc de cercle.

Le sol du Trocadéro étant en pente, on comprend que le grand bassin, dont nous décrivons en ce moment la forme, devait avoir sa bordure inclinée. Cette disposition a motivé un effet de mur de soutènement analogue à celui que l'on rencontre si souvent dans les villas italiennes et au parc de Versailles. Cette muraille courbe, variant de hauteur à partir du niveau des eaux jusqu'aux pentes des bordures, produit un agréable effet; elle a permis de donner au dernier déversoir une chute de 3^{m}50, et en outre a favorisé l'ajustement de *mascarons* crachant l'eau à des hauteurs variées dans les parties courbes des bassins.

Fig. 36. — Clef ornée du château d'eau de la Cascade.
(Modèle de M. Legrain.)

Les piédestaux des angles du grand bassin sont carrés; ils mesurent à leur partie la plus basse 3,^{m}70 de largeur; leur hauteur est de 2 mètres. Ces piédestaux sont surmontés d'une figure d'animal en fonte dorée. Ces œuvres d'art ont été demandées à quatre artistes différents. Voici les sujets confiés aux sculpteurs désignés par la commission des beaux-arts: 1° le bœuf (fig. 37), par M. Caïn; 2° le cheval, par M. Rouillard; 3° le rhinocéros (fig. 38), par M. Jacquemart; 4° l'éléphant, par M. Frémiet.

Le château d'eau, les cascatelles et les bassins, à l'exception du grand, sont fondés sur voûtes. On a pensé avec raison que les nombreux tuyaux qui traversent longitudinalement le Trocadéro et qui sont distribués sous la cascade devaient être accessibles; le sol, d'ailleurs, dans cet endroit, avait été en partie fouillé et remblayé; les tassements étaient à craindre : établir la presque-totalité de la masse décorative des eaux sur points d'appui et voûtes, c'était faire œuvre de prévoyance et de soin.

Fig. 37. — Le bœuf.
(Modèle de M. Caïn, statuaire.)

La partie du grand bassin qui se trouve directement sur le sol calcaire n'a pas motivé un pareil travail; il a suffi de traverser longitudinalement cette pièce d'eau par un égout central pour résoudre le problème de distribution des eaux. On sait, d'ailleurs, que l'eau de toute la cascade traverse le Trocadéro, le pont d'Iéna et le Champ de Mars, pour servir aux nombreux besoins industriels et décoratifs de l'Exposition.

Dans les devis primitifs de l'opération, la cascade n'avait pas été prévue dans les conditions de bonne exécution où nous la voyons; le château d'eau et toutes les bordures des bassins devaient être faits simplement en meulières recouvertes de ciment mouluré; à cette époque on supposait que les constructions du Trocadéro disparaîtraient après l'Exposition. L'étude économique de l'exécution, la bonne volonté de M. le directeur des travaux et le désir de l'entreprise, représentée par MM. Masselin, Tabanon et Violet, de faire en cette partie du palais une œuvre véritablement monumentale, ont poussé à étudier l'exécution de la cascade en pierre de Belvoye (Jura); seulement, au lieu d'employer des monolithes de toute épaisseur, on s'est borné à exécuter l'œuvre à l'aide

Fig. 38. — Le rhinocéros.
(Modèle de M. Jacquemart, statuaire.)

de revêtements de blocages assemblés en ciment de Portland. L'opération a été faite à forfait maximum avec un délai d'exécution déterminé. Les dessins, arrêtés au bureau d'agence des travaux, ont été envoyés aux usines de M. Violet à Belvoye, et successivement les divers éléments de ce grand ensemble ont été expédiés à Paris, les uns par le chemin de fer, les autres par bateau. La pose faite dans ces conditions, et grâce à une merveilleuse exécution, bien que loin de toute surveillance, s'est accomplie avec une précision, une netteté et une finesse de joints qui rappellent les monuments antiques; aussi ce travail fait-il le plus grand honneur à MM. Masselin, Tabanon et Violet.

Dans les conditions d'économie où l'on était placé, il était impossible d'exécuter la voûte du nymphée en pierre; elle a dû être combinée pour une exécution en meulières recouvertes de mosaïques; malheureusement le temps n'a pas permis d'achever ce revêtement, et le public, qui se presse en foule pour jouir du spectacle du Champ de Mars, vu dans le brouillard de la nappe d'eau, comprendra que c'est pour ne pas le priver de ce plaisir qu'on a ajourné l'exécution de la décoration de ces voûtes.

Fig. 39. — Mascaron de la cascade.
(Modèle de M. Legrain.)

LES DIX-HUIT MOIS DE TRAVAUX

Par deux décrets en date des mois de mars et d'avril 1876, et sur la proposition du ministre de l'agriculture et du commerce, le Président de la République décidait qu'une Exposition universelle des produits de l'art et de l'industrie aurait lieu à Paris en 1878.

Un arrêté ministériel en date du 20 avril ouvrait un concours entre les ingénieurs et les architectes de toutes les nations pour fournir des projets satisfaisant au programme imposé.

Le 15 mai, c'est-à-dire vingt-cinq jours après l'ouverture du concours, 94 projets, provenant de tous les points de l'Europe, étaient déposés au ministère.

Le 26 mai, la commission supérieure des expositions, présidée par le ministre de l'agriculture et du commerce, était composée de MM. :

Amé.	Cordier.	Feray.
Binder.	De Laborde.	De Franqueville.
Boutarel.	Duclerc.	Gérôme.
Cochery.	Drouyn de Lhuys.	Guillaume.

Krantz.
Lefèvre-Pontalis.
Lefébure.
Lefuel.
Levasseur.
Mame.
Marie.

Meissonier.
Meurand.
Montagnac.
Ozenne.
Rondelet.
Bon de Rothschild.
Roy.

Sainte-Claire Deville.
Sieber.
Bon de Soubeyran.
De Talhouet.
Viollet-le-Duc.
Le préfet de la Seine.
Le préfet de Police.

Cette commission rendait son jugement et classait en première ligne *ex æquo* les projets de :

MM. Davioud et Bourdais.
Bruneau.
Crépinet.

MM. Coquart.
Picq.
Roux.

En seconde ligne, ceux de MM.

MM. De Baudot.
Simil.
Eiffel.

MM. Raulin.
Huc.
Flon.

Une sous-commission fut chargée d'élaborer le projet définitif, au moyen des éléments fournis par les divers projets primés.

M. Krantz, chargé plus spécialement des études du palais du Champ de Mars, en fit rédiger le projet par M. Hardy, architecte.

MM. Lefuel et Viollet-le-Duc, chargés d'établir celui du palais du Trocadéro, en confièrent les études à MM. Davioud et Bourdais.

Le 15 juin, les deux projets étaient soumis à la commission supérieure et adoptés par elle, en principe.

Les études du palais du Champ de Mars furent poursuivies sans plus attendre. La question du palais du Trocadéro fut au contraire ajournée, afin de déterminer ultérieurement si la ville de Paris prendrait, ou non, directement charge de la construction de ce palais, qui, élevé sur des terrains lui appartenant, semblait, suivant toute probabilité, devoir dès cette époque être conservé après l'Exposition.

Cependant la convention intervenue entre la Ville et l'État, le 1er août 1876, disait à l'article 7 :

« En ce qui touche les constructions qui doivent être établies sur les terrains du Trocadéro, l'État réserve à la Ville le droit de les acquérir par préférence à toute autre personne après la clôture de l'Exposition.

« L'évaluation desdites constructions sera faite par voie d'expertise administrative. Dans le cas où l'État aurait de la part de tiers des propositions en vue de l'acquisition des matériaux à provenir desdites constructions, la Ville sera mise en demeure de faire connaître si elle entend user de la clause ci-dessus ; elle devra faire connaître son option dans les six semaines qui suivront la mise en demeure ; faute de quoi faire, les stipulations dudit article seront non avenues. »

Le 25 août, la Ville renonçait à se charger de ces travaux, et, sur la proposition de M. Krantz, nommé commissaire général dès le 4 août 1876, le ministre de l'agriculture et du commerce appelait MM. Davioud et Bourdais, architectes, à faire exécuter le projet précédemment approuvé.

L'agence des travaux, constituée sous la direction générale de M. Duval, ingénieur en chef des ponts et chaussées, directeur des travaux de l'Exposition, était immédiatement formée et comprenait :

>MM. Davioud et Bourdais, architectes.
>Raulin et Pamart, inspecteurs.
>Métivier et Bérard, sous-inspecteurs.
>Causel et Planche, ingénieurs civils.
>
>MM. Harant, vérificateur.
>Delmas, secrétaire.
>Pochet, dessinateur en chef.
>
>MM. Sébille, MM. Milon,
>Rebert, Kersulec, } dessinateurs.
>Delbende,
>
>MM. Poulain, MM. Poitrineau,
>Renaud, Suréda, } conducteurs.
>Petit, Pouret,
>
>MM. Fresnel, agent comptable.
>Comte, commis d'ordre.

Dès le premier jour, il fallut mener de front et l'étude du terrain et l'étude du projet.

La butte du Trocadéro fut relevée de dimensions en plan et en nivellement. Les anciennes carrières creusées sous le sol furent inspectées ; malheureusement, peu de points étaient facilement accessibles.

Une seule entrée, située sur l'avenue du Trocadéro, donnait accès dans ces carrières, et une partie seulement des galeries placées sous le futur palais était praticable.

Il fallut exécuter des sondages. On reconnut que le

sol à occuper par les constructions projetées se présentait en trois natures différentes, au point de vue des fondations.

Sous l'aile gauche du palais et une faible partie du centre : sol vierge de toute exploitation, facilités d'exécution de travaux.

Sous la presque totalité du centre : anciennes exploitations de carrières, en partie comblées par des remblais ; il fallait d'abord enlever ces terres en cheminant péniblement à travers les galeries praticables, puis consolider les ciels de carrières par des massifs de maçonnerie de formes appropriées à celles du futur palais lui-même et aux nécessités de consolidation des chambres d'exploitation, qui offraient des vides trop considérables.

Mais, si ces travaux étaient longs et pénibles, ce n'était que peu de chose par rapport à ceux qu'il fallait exécuter dans la troisième partie du terrain : sous une grande moitié de l'aile droite du palais devait, en effet, se présenter la plus grande somme de difficultés.

Ce terrain avait été exploité anciennement ; mais, au lieu d'être demeuré soit à l'état de galeries partielles, soit à l'état de galeries remblayées de terre, il n'offrait dans sa masse générale qu'un chaos informe, produit par l'explosion de coups de mine tirés dans le pied des piliers de soutènement pour déterminer un affaissement général du sol supérieur. Ces travaux avaient été exécutés en 1867, lors de l'Exposition universelle, pour la transformation de la butte du Trocadéro en jardin public et pour l'exécution rapide du nivellement de la surface, par l'effondrement en masse d'une partie du sol supérieur.

Établir des fondations sur un pareil terrain exigeait le percement d'une série de puits dans des conditions d'exécution non-seulement difficiles, mais surtout très-dangereuses. Il fut décidé qu'un déblai total de la masse des anciennes carrières serait effectué. Mais, pour arriver à exécuter un tel travail, sur quelle activité fallait-il compter? quels moyens rapides d'exécution fallait-il employer?

Nous avons dit que les études de composition artistique se poursuivaient en même temps que celles des conditions pratiques d'exécution. L'étude des devis devait être la conséquence de ces deux genres d'études.

A ce sujet, la situation des architectes était assez anormale, nous devons le dire.

L'estimation générale de la dépense de construction du palais avait été faite, au sein des commissions et en bloc, par estimation du métrage superficiel, soit au chiffre de 6,700,000 francs, correspondant à peine à une dépense de 400 francs par mètre superficiel de bâtiments construits, ce qui est le prix d'une modeste habitation à trois étages; d'un autre côté, il fallait établir le futur palais sur le mauvais terrain que nous venons de décrire.

Fallait-il construire d'une façon si légère que la durée du palais eût été limitée à celle de l'Exposition? fallait-il commencer par établir très-solidement tout au moins les fondations, sauf à réduire sur les élévations, ou enfin s'en remettre au temps pour trouver une solution plus favorable ?

Ce dernier parti fut adopté. De sorte que, quant aux moyens d'exécution et de mise en œuvre des matériaux, on fit dès le début œuvre durable. C'était évidemment un parti sage, et la suite le prouva en effet.

Le projet définitif était arrêté dans sa forme générale et dans ses dimensions exactes.

L'adjudication des travaux de fondations jusqu'au niveau du cordon de soubassement (cote 61^m,50 au-dessus du niveau de la mer) eut lieu le 25 octobre.

M. Laurent fut chargé des travaux de la partie centrale ; M. Masselin, de l'aile gauche ; M. Maujean, de l'aile droite.

Le projet à exécuter doit être décrit ici d'une manière succincte et dans son ensemble, pour permettre au lecteur de suivre facilement la marche des travaux entrepris.

Le centre de la composition est occupé par une vaste salle d'auditions musicales de 50 mètres de diamètre, autour de laquelle se développe une galerie à deux étages formant loggia du côté de la Seine. L'entrée principale du palais est située sur la place du Trocadéro et comprend deux galeries rectilignes à deux étages : celles donnant sur la place, destinées à des salles d'exposition ; celles contre la salle, servant de communication directe entre les deux ailes du palais.

Deux escaliers principaux donnent accès au premier étage, et deux tours, munies d'ascenseurs, placées à l'intersection des galeries circulaires et rectilignes susdécrites, permettent de s'élever à une hauteur de 60 mètres au-dessus de la place du Trocadéro, pour embrasser une des vues d'ensemble les plus complètes de tout Paris. Symétriquement, à droite et à gauche de ces bâtiments du centre, sont élevés deux pavillons contenant au rez-de-chaussée un vestibule ou porche ouvert, mettant directement en communication la place du Trocadéro et les jardins situés du côté de la Seine, et au premier étage une vaste salle dite des conférences de 15 mètres sur 25 mètres. A la suite de chaque pavillon se développe l'aile proprement dite, de forme elliptique en plan, tournant sa concavité du côté du Champ de Mars et divisée en trois travées de longueurs égales. Ces travées sont séparées par un petit pavillon formant porche d'entrée du côté des jardins.

Chaque aile comprend : une galerie d'exposition, éclairée par le haut, et une colonnade ou portique à jour du côté de la Seine.

Le sol des galeries est de niveau, mais le terrain extérieur suit une pente assez rapide et dénivelle l'extrémité de l'aile de toute la hauteur d'un grand étage de soubassement. Cette extrémité est terminée par un pavillon contenant, en soubassement, un vestibule en communication directe avec les jardins et, au rez-de-chaussée, une vaste salle d'exposition.

Si de l'examen du plan nous passons à celui des façades, nous voyons du côté de la Seine, au centre, une vaste rotonde ouverte dans la partie haute de neuf grandes baies à plein-cintre, à meneaux, et flanquée de huit tourelles formant contre-forts, enfin, de deux tours surmontées de belvédères. Autour de cette rotonde, une loggia à deux étages.

Les pavillons de conférences, ouverts chacun de trois grandes baies, viennent ensuite et servent de transition entre le centre et les ailes proprement dites. Celles-ci comprennent trois travées chacune, de dix-huit colonnes, deux pavillons ou porches intermédiaires, enfin, un pavillon de tête percé sur chacune de ses trois faces d'une vaste baie portant meneaux.

La couverture de la grande salle centrale porte une lanterne surmontée d'une Renommée en cuivre doré ; la loggia est couverte en terrasse, et sa balustrade s'interrompt par travées pour laisser place à trente statues représentant les beaux-arts, les sciences et les arts industriels ; la colonnade est recouverte en grandes tuiles émaillées ; les galeries proprement dites sont surmontées de leurs lanternes continues, qui dessinent la silhouette générale du grand arc elliptique qu'elles embrassent ; enfin, les pavillons de tête sont recouverts de dômes sur plan carré, dômes rappelés à une échelle moindre sur les porches intermédiaires.

Si des bâtiments nous passons aux jardins, nous voyons qu'ils sont tracés dans le genre pittoresque dans les parties qui regardent les ailes, et que le milieu de leur composition prend au contraire des formes géométriques qui se marient plus naturellement avec la composition architecturale de la cascade qui en occupe le centre.

Cette cascade comprend trois parties distinctes : la première formant château d'eau, appuyée à la loggia du bâtiment central, composée de trois arcades : devant l'arcade centrale, plus grande que les deux autres, tombe une chute d'eau principale ; la deuxième partie comprend une série de six étages de bassins portant latéralement des jets d'eau ; enfin, la troisième partie est formée d'un immense bassin de repos d'eau.

Tel était le projet dans son ensemble ; revenons au mode d'exécution employé le 1ᵉʳ novembre 1876. Le tracé général de l'édifice fut fait sur le terrain, non sans quelques difficultés anormales dues aux pentes prononcées et irrégulières et à la forme curviligne de presque toutes les parties du plan du palais.

L'aile gauche, qui n'offrait aucune difficulté de fondation, fut attaquée la première, et en quelques jours ses grandes lignes se dessinaient assez pour faire comprendre l'étendue et l'importance de l'œuvre entreprise.

Puis, le gros matériel, nécessaire à l'attaque du grand mouvement de terre du bâtiment central, arriva sans tarder, et l'activité tout exceptionnelle qui devait régner sur tout le chantier jusqu'à la fin des travaux commença sérieusement à se faire sentir.

Nous avons décrit les diverses natures du sol.

Sous la grande salle, il fallait atteindre les anciennes carrières, les déblayer et soutenir les ciels. Il ne fallait pas songer à accomplir pareille œuvre en sortant les déblais par des puits directs, en si grand nombre qu'on eût pu les percer; on prit la butte de flanc, et l'on entra en galerie et à niveau dans ces carrières abandonnées; des voies ferrées furent posées et multipliées par ramifications à mesure que le déblayement avançait. En même temps que ce travail souterrain s'accomplissait, les fouilles de la partie supérieure marchaient rapidement, la lumière électrique éclairait les travaux jusqu'à une heure avancée de la nuit, et l'on n'attendit pas pour couler les premiers bétons que les parties correspondantes sous le sol eussent pu être consolidées.

En effet, les déblais effectués par-dessus pour atteindre les lits de roche, formant ciels de carrières, étaient considérables et avaient diminué notablement la charge que celles-ci supportaient avant les travaux. On pouvait dès lors maçonner dans les dessus sans atteindre à des poids aussi considérables que ceux des déblais enlevés, et c'est ainsi que l'œuvre de maçonnerie put marcher à ciel ouvert avant que l'œuvre de consolidation des dessous fût achevée.

Ce procédé tout rationnel devait fournir des avantages considérables comme marche rapide des travaux, et il n'en résulta aucun inconvénient appréciable.

Mais, par ailleurs, l'imprévu, avec son cortège de difficultés, de solutions à improviser et de dépenses supplémentaires à solder, devait se manifester et faire craindre un moment une perte de temps considérable.

Sous la partie sud-est du mur circulaire de la grande salle venait de se produire une cloche, c'est-à-dire un effondrement du ciel de carrièretel, que le déblayement par-dessous faisait introduire les terres supérieures dans la carrière et offrait des dangers pour la sécurité des ouvriers. Il fallut donc opérer par le dessus et joindre à la vitesse obligatoire du chantier une prévision de moyens exceptionnels, afin de n'augmenter ni l'étendue de l'effondrement ni les éboulements nouveaux qui pouvaient en être la conséquence.

Un vaste déblai fut attaqué avec une activité exceptionnelle, des boisages considérables furent posés pour soutenir les terres environnantes et limiter l'importance du déblai à entreprendre. Dans la carrière, ce qui restait de ciel à peu près solide avait été étançonné par des cadres nombreux ; aussi le déblai avança rapidement. Enfin, la communication se fit entre les deux ateliers de travail, et la lumière du jour pénétra jusqu'au sol même de la carrière, laissant béant un immense trou de 15 mètres de long sur 10 mètres de large et 15 mètres de profondeur : 2250 mètres cubes de déblai avaient été effectués en quelques jours dans les conditions d'accès les plus difficiles.

L'aspect de cette immense fosse était des plus pittoresques, vu du sol de la carrière : le jour tamisait à travers une véritable forêt de bois, enchevêtrés obliquement les uns sur les autres, et les terres qui se pressaient tout autour semblaient, par leur masse énorme, devoir faire céder ces chevalements sous leur effort colossal.

Tout alla bien cependant; aucun accident ne vint interrompre le travail. On commença à maçonner de fond pour combler par des piles et des arcs robustes le vide effrayant que le déblayement avait créé.

Pendant ce temps, les fondations de l'aile droite marchaient aussi ; nous avons dit quel chaos véritable avaient produit les explosions de mine de 1867. Un déblai en masse fut attaqué; la poudre et la dynamite rendirent de grands services, car les coups de mine se succédaient périodiquement. Des voies ferrées enlevaient les déblais produits. Ce fut à nouveau une exploitation de carrière. La roche fut débitée en moellons, et les approvisionnements de matériaux furent ainsi formés par les terrassements mêmes de l'ouvrage.

Faire grand et à très-bon marché avait été, nous l'avons dit, le problème posé *a priori* aux constructeurs par la marche même des événements. La seule solution possible consistait à mettre en œuvre des matériaux à très-bon marché.

Aussi l'œuvre de maçonnerie du palais du Trocadéro consiste-t-elle principalement dans l'emploi de moellons dont la qualité et la dureté varient en raison des charges que chaque partie doit avoir à supporter. Mais la qualité du moellon n'était pas seule en cause : il fallait approprier également aux charges supportées par ces maçonneries les mortiers qui entraient dans leur composition.

Il y avait, en effet, un intérêt considérable à proportionner la richesse des mortiers et par conséquent leur dureté aux charges des diverses parties de l'œuvre. Pour les petites charges, mortier pauvre et par conséquent économique; pour les fortes charges, mortier riche.

Disons d'abord que l'emploi du plâtre fut repoussé *a priori*. On pourrait ici faire le procès de l'abus du plâtre dans les constructions parisiennes en général, et prouver que, incomparable comme enduit en lieu sec, il fait pousser au vide les murs auxquels il sert de mortier, par le gonflement qui résulte de sa solidification. Aussi son emploi fut-il écarté dans le montage des murs.

Entre la chaux et le ciment, il restait un choix à faire. La première est plus économique, il est vrai, mais il fallait monter si vite que la lenteur de prise des mortiers qui la contiennent fit donner la préférence exclusive au ciment.

Le ciment de Boulogne, dit de Portland, de la marque Lonquety et Cie, fut donc seul employé.

Un marché passé dans des conditions avantageuses avec cette maison assura, dès le début, l'approvisionnement total des besoins de construction de tous les bâtiments de l'Exposition.

Pour le palais du Trocadéro, une échelle de dosage

fut adoptée. A chaque mètre cube de sable, et en raison des charges par centimètre carré de maçonnerie, on mélangea :

200 kil. de ciment pour des charges de 4 kil. par cent. carré.
300 — — 10 — —
400 — — 15 — —
500 — — 18 — —

Cette progression détermina le dosage de 300 kilog. de ciment par mètre cube de sable, pour la généralité des fondations sous les murs peu élevés, de 400 kilog. sous les murs de la grande salle, et de 500 kilog. sous les grandes tours.

En élévation, les charges diminuant, les dosages furent diminués de 50 kilog. de ciment par mètre cube de sable, pour chaque partie correspondante à celles décrites ci-dessus.

Les travaux des premiers mois peuvent se mesurer par le chiffre des sommes versées aux entrepreneurs :

DÉPENSES DU MOIS DE NOVEMBRE 1876

Aile gauche.

Terrassements...... 700^{m3}... dépense... 2,000 fr.
Maçonneries diverses. 700^{m3}... — ... 18,000

Bâtiment central.

Terrassements ..... 5,000^{m3}... dépense... 12,000
Pas de maçonnerie.

Aile droite.

Terrassements....... 1,150^{m3}... dépense... 3,000

Total..... 35,000 fr.

On voit par ce chiffre très-minime que l'on s'installait plutôt qu'on ne marchait réellement.

DÉPENSES DU MOIS DE DÉCEMBRE 1876

Aile gauche.

Terrassements.......	400m3...	dépense...	1,000 fr.
Maçonnerie.........	3,500m3...	— ...	92,000

Bâtiment central.

Terrassements.......	8,500m3...	dépense...	21,000
Maçonnerie.........	300m3...	— ..	6,000

Dans les carrières.

Terrassements.......	800m3...............	2,000

Aile droite.

Terrassements.......	1,800m3...............	5,000
Maçonnerie.........	3,000m3...............	51,000
	Total.....	178,000 fr.

Il y avait dès lors un cube total de terrassements effectués de 17,000m3 et un cube de maçonneries de 7,500m3. Le mois de janvier devait produire près du double de ce travail.

DÉPENSES DU MOIS DE JANVIER 1877.

Aile gauche.

Terrassements.......	400m3..............	1,000 fr.
Maçonnerie.........	1,400m3.............	55,000

Bâtiment central.

Terrassements.......	8,000m3...............	21,000
Maçonnerie.........	4,500m3...............	118,000
	A reporter.....	195,000

	Report.....	105,000
Dans les carrières.		
Terrassements.......	2,200m3..............	5,000
Maçonnerie.........	2,000m3..............	66,000
Aile droite.		
Terrassements.......	400m3..............	1,000
Maçonnerie.........	3,400m3..............	88,000
	Total.....	355,000 fr.

Tel fut le maximum de travail de la période des fondations. Encore convient-il de faire remarquer que l'immense terrassement de l'aile droite ne figure pas dans ces dépenses, par suite d'un marché spécial conclu avec l'entrepreneur, marché qui lui cédait le moellon extrait des fouilles pour prix compensé de ses terrassements généraux.

Le mois de février devait être presque aussi productif. L'aile gauche était terminée. Il ne restait plus qu'à remplir les reins des voûtes de béton maigre.

DÉPENSES DU MOIS DE FÉVRIER 1877.

Bâtiment central.		
Terrassements......	700m3..............	2,000 fr.
Maçonnerie.........	6,300m3..............	177,000
Dans les carrières.		
Terrassements......	500m3..............	1,000
Maçonnerie.........	900m3..............	30,000
Aile droite.		
Terrassements......	700m3..............	2,000
Maçonnerie.........	3,000m3..............	105,000
	Total.....	317,000 fr.

Le travail avait admirablement bien marché, favorisé par un hiver exceptionnel, sans gelée aucune; toutes les prévisions étaient réalisées; on avait construit près de 30,000 mètres cubes de maçonnerie.

On était prêt, dans les délais fort restreints prescrits par les cahiers des charges, à commencer presque partout l'élévation.

Le mois de mars devait permettre de terminer le peu de travail qu'il restait à faire et de poser les planchers en fer du rez-de-chaussée.

DÉPENSES DU MOIS DE MARS 1877.

Aile gauche.

Maçonnerie.........	550m3............	9,000 fr.

Bâtiment central.

Maçonnerie........	1,300m3..............	40,000

Dans les carrière.

Terrassements......	1,700m3........	4,000
Maçonnerie.........	1,800m3..............	56,000

Aile droite.

Maçonnerie.........	600m3.......	10,000
Planchers en fer............................		30,000
	Total.....	149,000 fr.

On avait dépensé environ un million; mais, on le voit, le travail se ralentissait beaucoup. C'est qu'une question des plus importantes se débattait en ce moment entre la ville de Paris et l'État.

La convention première, dont nous avons parlé précédemment, créait à la ville de Paris une situation très-excellente au point de vue de ses intérêts financiers.

Elle avait autorisé l'État à bâtir sur son propre terrain et ne s'était nullement engagée à acheter le palais, une fois construit, de telle sorte que, étant donné l'emploi abondant que l'on avait fait et qu'on se proposait de faire encore de matériaux à bon marché et de mortier très-compact, l'œuvre de démolition, que l'État pouvait se trouver forcé de prendre à sa charge après l'Exposition, lui eût coûté une assez forte somme, que la valeur à retirer des matériaux de démolition n'eût certainement pas couverte.

D'un autre côté, le crédit que l'on avait ouvert pour la construction du palais du Trocadéro, et, comme nous l'avons dit, en dehors de la participation des constructeurs, était notoirement insuffisant pour permettre de constituer une œuvre durable (surtout étant donné que les fondations avaient été faites dans des conditions de solidité et de durée exceptionnelles), et, par suite, le reste du crédit ainsi diminué ne pouvait correspondre qu'à une construction fort réduite d'importance en élévation ou bien de la plus détestable qualité : pans de bois, torchis, couvertures provisoires, etc.

Ni le commissaire général ni le directeur des travaux de l'Exposition ne voulurent consentir à faire exécuter dans ces conditions défectueuses un soi-disant palais qui déjà, par les publications de dessins et de photographies qu'on en avait faites, commençait à devenir populaire.

Divers pourparlers furent engagés entre l'État et la Ville. Le préfet de la Seine, le directeur des travaux de Paris et le conseil municipal se rendirent sur les lieux pour examiner les travaux exécutés.

Cette visite produisit un effet favorable en tous points à la conservation du palais. Cependant la ville de Paris ne voulut pas renoncer à conserver jusqu'après l'Exposition la faculté d'acquérir ou non le palais.

Une convention en date du 12 avril 1877 régla donc à nouveau la question du palais du Trocadéro; l'art. 7 était ainsi modifié :

« La ville de Paris s'engage à ne pas user de la faculté d'exiger la démolition du palais du Trocadéro.

« Les galeries extérieures du palais resteront après l'Exposition, de jour et de nuit, accessibles au public, par les vestibules du centre et les pavillons des extrémités latérales, et il sera réservé, par ces mêmes vestibules, des passages pour la circulation permanente des piétons entre les quartiers de Passy et les quais de la Seine.

« Dans les six mois après la clôture de l'Exposition, la ville de Paris devra opter entre les deux partis suivants : ou bien elle cédera à l'État la propriété des terrains occupés par le palais et ses ailes, en retour de quoi l'État lui abandonnera gratuitement la grande cascade et les aquariums, et remettra les jardins dans un état qui sera indiqué au traité additionnel; ou bien, au contraire, la ville de Paris rachètera le palais et ses ailes au prix de trois millions, payables en six annuités de 500,000 fr. chacune. »

De cette façon tout allait pouvoir s'arranger pour le mieux. En effet, l'État n'avait plus à craindre de faire une dépense hors de proportion avec les seuls besoins de l'Exposition, puisque, dans tous les cas, le palais à édifier pouvait et devait subsister après la grande fête industrielle de 1878.

La ville, de son côté ne pouvant plus exiger la démolition du palais, s'engageait à verser à l'État la somme de trois millions, si elle se décidait à acquérir l'immeuble.

Dès lors, escomptant à l'avance les trois millions de la ville de Paris, le ministre de l'agriculture et du commerce, d'accord en cela avec le ministre des finances, décida que cette somme serait ajoutée au crédit primitif de 5,220,000 francs qui fut alors de 8,220,000 francs; depuis, deux crédits, l'un de 650,000 francs, l'autre de 620,000 francs, portèrent le crédit total à 9,490,000 francs.

Les dépenses reconnues utiles, par suite des nombreuses améliorations que l'étude de chaque jour conduisit à faire, furent presque toujours compensées par une économie réalisée d'un autre côté. Il faut dire que, pour maintes parties de l'œuvre, divers entrepreneurs consentirent à exécuter des travaux dans des conditions tout exceptionnelles de prix, considérant en cette circonstance leur travail comme une exposition de leur industrie, industrie néanmoins non susceptible de concourir aux récompenses de l'Exposition, puisque les règlements de celle-ci prescrivaient que tous les objets soumis à l'examen des jurys dussent figurer au palais du Champ de Mars dans la classe même à laquelle ils appartenaient.

Nous avons dit que le mois de mars avait été mal rempli ; les difficultés administratives, conséquence inévitable des études du nouveau contrat dont nous avons parlé, jetaient un trouble considérable dans la marche des travaux. Le mois d'avril devait s'en ressentir encore; en effet, les dépenses se résument ainsi :

DÉPENSES DU MOIS D'AVRIL 1877.

Aile gauche.

Maçonnerie, fondations..................	1,000 fr.
— élévation..................	41,000

Bâtiment central.

Maçonnerie........................	8,000

Dans les carrières.

Terrassements	10,000
Maçonnerie	27,000

Aile droite.

Terrassements......................	3,000
Maçonnerie, fondations...............	6,000
— élévation..................	44,000
Planchers en fer.....................	9,000
Total.....	149,000 fr.

Cependant, on le voit, les travaux d'élévation commençaient dans les ailes ; le bâtiment central seul restait en suspens, c'était pourtant le lot correspondant à la plus grande dépense.

Enfin, la convention entre la Ville et l'État ayant été conclue, une nouvelle activité se fit sentir. Il fallait travailler d'autant plus qu'on avait perdu deux grands mois.

Au mois de mai, les murs s'élèvent au-dessus du bandeau général des soubassements. La forme générale du palais se dessine; on commence à juger de l'énorme dimension de la salle des fêtes. Les voies ferrées, destinées au transport des matériaux, se multiplient sur tous les points; ce n'est encore que le prélude d'une activité nouvelle. Pendant ce mois, les dépenses soldées sont réparties comme suit:

DÉPENSES DU MOIS DE MAI 1877.

Aile gauche.

Terrassements......................	6,000 fr.
Maçonnerie........................	80,000

Bâtiment central.

Maçonnerie........................	71,000

Dans les carrières.

Terrassements......................	2,000
Maçonnerie........................	17,000

Aile droite.

Terrassements......................	3,000
Maçonnerie, fondations	9,000
— élévation..............	90,000
Constructions métalliques...........	30,000
Total.....	308,000 fr.

Le mois de juin devait produire à peu près autant:

DÉPENSES DU MOIS DE JUIN 1877.

Aile gauche.

| Maçonnerie | 84,000 fr. |

Bâtiment central.

| Maçonnerie | 132,000 |

Dans les carrières.

| Terrassements | 3,000 |
| Maçonnerie | 4,000 |

Aile droite.

Terrassements	5,000
Maçonnerie	43,000
Constructions métalliques	84,000
Total	355,000 fr.

Les pavillons de tête étaient alors montés jusqu'au-dessous des entablements. Les murs circulaires des ailes recevaient déjà, sur leurs corbeaux, les fermes en tôle découpée qui formaient la charpente métallique.

Les travaux de consolidation des carrières marchaient à leur fin. On allait bientôt boucher la voie d'accès ménagée, dès le début, dans le flanc de la montagne.

La galerie circulaire du bâtiment central était montée au niveau des grands arcs du premier étage.

Tout le rez-de-chaussée, place du Trocadéro, était terminé; le mur pignon et les murs circulaires de la grande salle, ainsi que le soubassement des tours, atteignaient 12 mètres de hauteur au-dessus du sol du rez-de-chaussée.

LES DIX-HUIT MOIS DE TRAVAUX.

Telle était la hauteur moyenne à laquelle s'élevait toute la maçonnerie. Ce résultat avait été obtenu en deux mois de temps. On avait monté en moyenne 0^m,20 par jour sur l'immense développement de tous les murs.

Le mois suivant, on allait entreprendre les travaux de la cascade. Dès les premiers jours du mois de juillet, le travail de terrassement commença ; il fallut percer dans le roc les galeries souterraines d'alimentation des eaux.

Pendant ce temps, les travaux de maçonnerie des ailes continuaient, et ceux de la grande salle, poussés avec activité, produisaient journellement un cube double de celui obtenu précédemment.

En effet, les dépenses en juillet furent les suivantes :

DÉPENSES DU MOIS DE JUILLET 1877.

Aile gauche.

Maçonnerie........................ 58,000 fr.

Bâtiment central.

Maçonnerie........................ 217,000

Dans les carrières.

Maçonnerie........................ 3,000

Aile droite.

Maçonnerie........................ 59,000

Cascade.

Terrassements 16,000
Constructions métalliques 112,000

Total..... 465,000 fr.

Au 31 juillet, l'arcature de la loggia était entièrement

montée; on allait poser l'entablement des pavillons de conférences et des pavillons de tête; la colonnade du portique de l'aile gauche était en place; il en était de même d'une bonne partie de l'aile droite.

Pendant ce même mois, les fermes métalliques des galeries d'ailes étaient montées. Il devenait intéressant de remarquer ces fermes curvilignes sans entraits, exécutées en tôles découpées, car leur emploi était une solution d'un problème de construction bien souvent posé : celui des fermes courbes sans poussée au vide.

Dans le mois d'août, les ravalements de la loggia et des galeries d'aile furent commencés; l'œuvre prenait peu à peu une forme compréhensible.

DÉPENSES DU MOIS D'AOUT 1877.

Aile gauche.

Maçonnerie........................ 49,000 fr.

Bâtiment central.

Maçonnerie........................ 155,000

Dans les carrières.

Maçonnerie........................ 7,000

Aile droite.

Maçonnerie........................ 86,000

Cascade.

Terrassements..................... 14,000
Maçonnerie........................ 7,000
Constructions métalliques......... 106,000

Total..... 424,000 fr.

LES DIX-HUIT MOIS DE TRAVAUX. 159

Les déblais de la cascade étaient terminés; les bétons de fondations y étaient coulés sur presque toute la surface.

L'activité générale du chantier devait croître encore pendant le mois de septembre.

S'il était évident, en effet, que les ailes pouvaient être facilement terminées pour l'époque dite, l'œuvre de la grande salle devait encore donner à craindre des retards importants. Il fallait prévoir un hiver rigoureux, surtout après la douceur exceptionnelle de celui qui avait favorisé les travaux de fondations, et, du reste, en fût-il autrement, la grande salle devait s'élever à 32 mètres au-dessus du sol du rez-de-chaussée, être surmontée d'un comble métallique et d'une immense lanterne s'élevant à près de 60 mètres de hauteur totale; il fallait enfin monter deux tours de 80 mètres de hauteur chacune, travaux dont l'importance en superficie et en volume ne laissaient pas que d'inquiéter les constructeurs.

Les dépenses du mois de septembre mesurent bien l'activité qui fut déployée sur tout le chantier.

DÉPENSES DU MOIS DE SEPTEMBRE 1877.

Aile gauche.

Maçonnerie...................... 106,000 fr.

Bâtiment central.

Maçonnerie...................... 190,000

A reporter..... 296,000 fr.

	Report.....	296,000 fr.
Dans les carrières.		
Maçonnerie..........................		6,000
Aile droite.		
Maçonnerie..........................		95,000
Cascade.		
Maçonnerie..........................		48,000
Charpentes en fer....................		130,000 fr.
	Total.....	575,000 fr.

Pendant le mois d'octobre, diverses entreprises nouvelles devaient s'ajouter aux précédentes :

1° La menue charpente en bois, complément économique de celle en fer, ainsi que la couverture en ardoises et la plomberie adjugées à MM. Monduit et Cie ;

2° La couverture en tuiles des portiques, adjugée à M. Chassagne ;

3° Les enduits hydrofuges, placés comme une première couverture de préservation accidentelle sur tous les chevrons et les augets de plâtre avant la pose de l'ardoise, adjugés à M. Salmon ;

4° Les dallages mosaïques des sols et les mosaïques ornementales en émail des façades, à M. Facchina ;

5° Les vitrages de couverture à MM. Maugas et Courboulay.

La saison d'hiver allait bientôt arriver ; il fallait se hâter de couvrir.

Les dépenses du mois d'octobre devaient être à peu près égales à celles du mois précédent.

DÉPENSES DU MOIS D'OCTOBRE 1877.

Aile gauche............	Maçonnerie...	47,000
Bâtiment central.......	—	205,000
Aile droite............	—	30,000
Cascade...............	—	87,000
Couvertures générales...	—	39,000
— en tuiles.................		8,500
Mosaïques diverses............·........		20,000
Enduits hydrofuges....................		1,500
Couverture en verre..................		9,000
Charpentes en fer.....................		80,000
	Total.....	527,000 fr.

On voit que les dallages mosaïques se faisaient au Trocadéro, non pas à la fin des travaux comme il est d'usage, mais en même temps que la pose des couvertures.

Il fallait, en effet, prévoir les gelées de l'hiver prochain et même celles du printemps de 1878, et il était prudent d'en terminer au plus tôt avec tout travail susceptible de détérioration par la gelée. Aussi l'entrepreneur, M. Facchina, se mit-il à l'œuvre avec une ardeur des plus remarquables. A mesure que le travail était à peu près achevé dans une partie, le dallage tout fraîchement fait était recouvert d'une couche de sable de 10 centimètres, et les voies de fer, utiles aux diverses entreprises, étaient posées ou reposées sur ce sable.

De cette façon, tout le roulage du chantier put se faire sans inconvénient sur une mosaïque absolument terminée et abritée des intempéries extérieures.

Dès le 15 octobre, les murs de la grande salle étaient montés à toute leur hauteur, c'est-à-dire à 32 mètres au-dessus du sol rez-de-chaussée (cette mesure est égale à la hauteur de la nef de Notre-Dame de Paris).

On commença immédiatement la pose de la grande charpente métallique de 50 mètres de diamètre (10 mètres de plus que la coupole de Saint-Pierre de Rome.)

Cette charpente était composée de 12 arbalétriers, réunis à leur pied par une ceinture en tôles et fers cornières s'opposant à leur écartement. Ils étaient joints en tête par un anneau de 15 mètres de diamètre, destiné à supporter la grande lanterne; la hauteur totale de l'ensemble de ces charpentes devait être de 25 mètres, ce qui portait la hauteur du sommet de la lanterne au-dessus du sol du rez-de-chaussée à 57 mètres.

En novembre, les travaux continuèrent avec une activité plus grande encore.

DÉPENSES DU MOIS DE NOVEMBRE 1877.

Aile gauche......	Maçonnerie...	32,000 fr.
Bâtiment central.......	— ...	268,000
Aile droite...........	— ...	32.000
Cascade.............	....	103,000
Couvertures générales........	....	31,000
— en tuiles........		11,000
Mosaïques..........		3,000
Enduits hydrofuges............		1,000
Charpentes métalliques............		112,000
	Total.....	593,000 fr.

Le château d'eau de la cascade montrait déjà ses formes générales ; la grande voussure de la partie centrale se dessinait vigoureusement en surplomb. Il y avait eu là un travail des plus remarquables comme exécution de coupe de pierre. Les divers voussoirs de cette grande voûte, courbe en plan et courbe en élévation, étaient sur toutes leurs faces formés de surfaces tordues appelées surfaces gauches, et, malgré cette difficulté de premier ordre, chaque morceau était posé sans qu'il fût besoin d'y retoucher aucunement; l'exécution atteignit, on peut le dire, une perfection mathématique.

C'était l'usine de Belvoye (Jura) qui, sous l'intelligente direction de M. Viollet, fournissait aux entrepreneurs de la cascade, MM. Tabanon et Masselin, toutes les pierres ainsi taillées d'avance.

En décembre, la grande salle allait être couverte, ce qui mettait à l'abri de la pluie toutes les parties du palais, sauf les grandes tours.

Celles-ci montaient rapidement et en même temps que le reste, mais leur hauteur totale, y compris les belvédères, devant atteindre 80 mètres au-dessus du sol du rez-de-chaussée, il fallait se presser plus que jamais. Cinq mois seulement nous séparaient du jour de l'ouverture de l'Exposition, et, malgré l'immense effort déployé partout et par tous, la tâche qu'il restait à accomplir était encore immense.

Les dépenses de décembre témoignent encore de cette activité constante et générale du chantier.

DÉPENSES DU MOIS DE DÉCEMBRE 1877.

Aile gauche............	Maçonnerie...	87,000 fr.
Bâtiment central.......	— ...	170,000
Aile droite............	— ...	98,000
Cascade............................		25,000
Couvertures générales....		55,000
— en tuiles................		15,000
Mosaïques.........................		15,000
Enduits hydrofuges.................		2,000
Charpentes métalliques...		47,000
	Total.....	514,000 fr.

Il était temps de mettre en main la décoration générale intérieure.

Pour la grande salle, les raisons d'acoustique, développées plus loin dans un chapitre spécial, exigeaient que les parois fussent tendues d'étoffe.

Diverses recherches furent faites au sujet du choix de la nature de cette étoffe, qui devait à la fois absorber le son et se prêter à la peinture décorative.

La bourre de soie fut choisie comme répondant le mieux au double but qu'on se proposait d'atteindre. La fourniture en fut traitée avec M. Letorey, chargé également de sa mise en place à bain de céruse, après exécution de la peinture décorative et de la dorure.

Il était, en effet, indispensable d'exécuter à l'avance la plus grande partie de la décoration ; c'était le seul moyen de terminer en quatre mois l'immense quantité de travail qu'il restait à faire.

Les galeries des ailes couvertes et closes furent transformées en ateliers pour les décorateurs, qui devaient y séjourner deux mois; c'est ce qui explique le temps d'arrêt marqué dans la terminaison de ces ailes, qui, sans cette circonstance particulière, eussent pu être prêtes beaucoup plus tôt.

M. Charles Lameire, le peintre décorateur dont le grand talent est connu de tous, fut chargé de l'exécution de toutes les peintures décoratives de la grande salle.

M. Villeminot, sculpteur-ornemaniste, fut chargé de toutes les parties sculpturales, sauf des figures au nombre de quatre dont deux, celles des Renommées, furent confiées au talent éprouvé de M. Carrier-Belleuse, et deux, celles de la Force et de la Loi, à M. Blanchard. Cette décoration, décrite ailleurs en détail, fut donc entreprise en janvier et menée de front avec les travaux de construction proprement dits.

Les sièges de la salle, construits sur un modèle spécial, satisfaisant à la fois au confortable d'une occupation prolongée et aux nécessités de la ventilation par le sol, furent adjugés à MM. Letorey et Laterrière.

D'un autre côté, les vitraux ordinaires à borne de plomb furent traités avec M. Levêque (de Beauvais) pour les galeries d'aile et les salles de conférences, et avec M. Denis, pour la grande salle. Ces derniers vitraux devaient satisfaire à trois conditions essentielles :

1° Laisser passer la plus grande somme de lumière possible;

2° Réfracter les rayons solaires et dispenser ainsi de l'emploi incommode des stores ;

3° Ne pas présenter de surfaces lisses à l'intérieur de la salle pour éviter la réflexion des rayons sonores.

Le type choisi fut un verre français à surface extérieure lisse et à surface interne rugueuse, grenue, mais non polie.

Les sols des galeries des ailes devaient être primitivement parquetés, mais des raisons de prudence et de garantie contre l'incendie déterminèrent le choix du carrelage en ciment.

Le dallage mosaïque, tout aussi bien incombustible que le ciment, répondait mieux, il est vrai, à l'ordre général de décoration de l'ensemble, mais on dut prévoir que les nécessités de l'Exposition entraîneraient fatalement à des détériorations du sol, et, réservant l'avenir, ce fut le dallage provisoire en ciment qui fut adopté.

Telles étaient les diverses entreprises nouvelles qui devaient s'exécuter au mois de janvier.

DÉPENSES DU MOIS DE JANVIER 1878.

Aile gauche......	Maçonnerie...	13,000 fr.
Bâtiment central.......	— ...	153,000
Aile droite...........	— ...	11,000
Cascade.......... ..	— ...	77,000
Couvertures générales...........		67.000
— en tuiles......		3,000
Mosaïques.......................		4,000
	A reporter......	328,000 fr.

Report.....	328,000 fr.
Peinture......	14,000
Bourre de soie............	11,000
Sièges de la salle........	22,000
Vitraux........	6,000
Carrelages en ciment.......	21,000
Charpentes métalliques......	84,000
Total.....	486,000 fr.

On voit que les travaux de couverture et les peintures décoratives sur bourre de soie avançaient rapidement. Il en était de même de la mise en œuvre des sièges.

C'est au mois de février que devait surtout avancer le travail des mosaïques, plus retardé qu'on ne l'avait pensé par les encombrements de transports de matériaux à travers les diverses galeries de circulation.

Les menuiseries allaient être mises en œuvre : pour la plupart, menuiseries de luxe, en chêne apparent, soit ciré, soit verni. L'exécution d'une moitié en était confiée à M. Pagé, l'autre moitié à M. Moisy.

Le travail de dessin prenait chaque jour une importance plus considérable à mesure qu'on entrait plus complètement dans l'étude des détails, et c'est une justice à rendre à chacun : le zèle s'augmentait en raison des difficultés à vaincre et de la somme considérable de travail à fournir.

Cela devait durer ainsi jusqu'à la fin des travaux.

Une nouvelle opération était entreprise, c'était la fabrication des métopes et des balustres.

On avait pensé tout d'abord à une exécution de ces

métopes et balustres en pierre de Sampans; mais les crédits ouverts pour l'édification totale du palais étaient tellement restreints, qu'il ne fallait pas s'arrêter à un mode d'exécution aussi coûteux.

La terre cuite pouvait être choisie; mais que de déboires ne ménageait-elle pas au point de vue de l'entretien!

Une matière à la fois plastique et résistante devait attirer l'attention et fixer le choix : ce fût le grès céramique servant à faire des carrelages. MM. Pelletier frères s'engagèrent, en effet, à fournir à bref délai la totalité des métopes et des balustres,

DÉPENSES DU MOIS DE FÉVRIER.

Aile gauche............	Maçonnerie...	16,000 fr.
Bâtiment central.......	— ...	105,000
Aile droite............	— ...	15,000
Cascade................		37,000
Couvertures générales		82,000
— en tuiles..............		10,000
Mosaïques.................		23,000
Peinture...................		23,000
Sièges de la grande salle..............		64,000
Menuiserie		28,000
Vitraux		3,000
Serrurerie................		8,000
Ouvrages en staff......		5,000
Balustres et métopes..................		18,000
Belvédères...................... .		4,000
Charpentes métalliques.....		18,000
	Total.....	450,000 fr.

LES DIX-HUIT MOIS DE TRAVAUX.

Les belvédères, on le voit par ce tableau, commençaient à monter, et ce travail devenait de plus en plus difficile à mesure qu'il s'élevait davantage au-dessus du sol; il fallait cependant le mener activement, car le temps marchait avec rapidité, et il était important qu'au 1er mai la silhouette générale du sommet des tours fût complètement assurée.

DÉPENSES DU MOIS DE MARS.

Aile gauche............	Maçonnerie...	38,000 fr.
Bâtiment central.......	— ...	87,000
Aile droite............	— ..	39,000
Cascade...............	— ...	25,000
Carrelages mosaïques..................		37,000
Menuiserie...........................		16,000
Peinture.............................		34,000
Staff et modèles d'ornementation.......		76,000
Balustres et métopes..................		5,000
Vitreries diverses....................		7,000
Escaliers en pierre...................		15,000
Belvédères...........................		75,000
Châssis en fer.......................		3,000
Sièges de la salle...................		70,000
Charpentes métalliques...............		18,000
	Total.....	545,000 fr.

On voit que, pendant le mois de mars, les travaux avaient été plus importants que dans le mois de février : on sentait, en effet, que la date fatale approchait; de toutes parts, c'était un concours d'activité entre les diverses entreprises.

Il fallait faire travailler presque partout simultanément sur les mêmes points, par divers corps d'états différents, et, à ce moment, l'intérieur de la grande salle offrait un aspect des plus pittoresques : plâtriers, serruriers, sculpteurs, peintres, doreurs, tapissiers, tous étaient suspendus en grappes humaines aux diverses parois de la voûte et des murs; il suffisait de s'absenter du chantier pendant une heure pour revenir et constater des progrès sensibles dans l'avancement des travaux.

Le tableau des dépenses au mois d'avril, donne la mesure de l'activité dépensée. Ces dépenses atteignirent une valeur de plus de 30,000 fr. par jour; nous ne croyons pas qu'en aucun temps ni en aucun lieu, sur un chantier d'une étendue relativement si minime, un pareil effort d'activité ait jamais été dépensé.

DÉPENSES DU MOIS D'AVRIL.

Aile gauche............	Maçonnerie...	36,000 fr.
— droite............	— ...	45,000
Cascade..................................		160,000
Couverture générale..................		217,000
— en tuiles................ .		11,000
Carrelages mosaïques.................		47,000
Menuiseries		220,000
Peinture..............................		118,000
Bourre de soie........................		9,000
Sièges de la salle....................		25,000
Stucs divers..........................		9,000
Vitraux des baies.....................		5,000
A reporter.....		902,000

Report.....	902,000
Escaliers en pierre....................	25,000
Belvédères...........................	76,000
Statues diverses.....................	54,000
Total....	1,057,000 fr.

Le palais, sauf les belvédères, était entièrement terminé à l'extérieur; les galeries des ailes étaient livrées au service des expositions des arts rétrospectifs.

Le promenoir et la loggia circulaire de la grande salle étaient entièrement terminés; enfin, les eaux pouvaient jaillir de toutes les parties de la cascade.

C'est dans ces conditions que l'inauguration eut lieu le 1er mai 1878.

Une tente de velours et d'or fut dressée sur le bassin supérieur du château d'eau, pour recevoir le maréchal-président de la république, les princes étrangers, les hauts dignitaires du Sénat et de la Chambre des députés, enfin les brillants état-majors du maréchal et des princes.

Le maréchal déclara l'Exposition universelle ouverte, et aussitôt des salves d'artillerie éclatèrent de divers points de la capitale, des musiques réparties dans le jardin du Trocadéro firent retentir l'air de leurs accords puissants, les eaux s'élancèrent du bassin supérieur, sortant du pied même de la tribune d'honneur, remplissant rapidement la série des cascatelles et jaillissant en gerbes multiples. La foule immense, accourue de tous les points du monde, put jouir d'un spectacle à nul autre pareil : des drapeaux de toutes les nations et des oriflammes aux plus brillantes couleurs flottaient au sommet des dômes dorés; les marbres et les mosaïques rivalisaient d'éclat avec les peintures murales, formant dans leur ensemble une polychromie chatoyante, renouvelée des arts anciens, ère nouvelle ouverte à l'art du xixe siècle.

Mais l'œuvre des constructeurs n'était terminée qu'en partie, et l'intérieur de la grande salle demandait un effort nouveau.

Les grands échafaudages de fond avaient été enlevés, afin de laisser voir, à la date du 1er mai, l'ensemble de la décoration esquissée par ses grandes lignes, mais non terminée. Il fallut remonter des échafaudages volants à près de 30 mètres de hauteur. Mécaniciens, sculpteurs, peintres, doreurs et tapissiers se remirent à l'œuvre, et la lumière électrique permit encore de doubler les jours par le travail de nuit.

DÉPENSES DU MOIS DE MAI 1878.

Carrelages divers	50,000 fr.
Menuiseries	176,000
Peinture	94,000
Dorure	53,000
Sièges de la salle	30,000
Stucs divers	42,000
Vitraux des baies	54,000
Escaliers en pierre	20.000
Belvédères	62,000
A reporter.	581,000

Report....	581,000
Sculptures diverses....................	47,000
Statuaire............................	170,000
Fonte d'ornement....................	52,000
Tapisserie..........................	46,000
Machinerie de ventilation.............	72,000
Total.....	968,000 fr.

Ce chiffre mesure bien la somme immense de travail dépensé.

Enfin, le 5 juin, la salle terminée, sauf quelques menus raccords de détail, fut livrée au public, et le premier concert officiel eut lieu aux applaudissements des 5,000 personnes assemblées pour la première fois, en si grand nombre, dans une seule et même salle de concerts.

S'il restait, dans certaines pièces accessoires, quelques travaux à terminer, ils étaient relativement de peu d'importance. Le mois de juin suffit à les terminer. Leur chiffre n'est pas encore arrêté au moment où nous publions cette histoire des travaux.

On le voit, du 5 novembre 1876, date de la plantation des bâtiments, jusqu'au 5 juin 1878, date de la livraison du palais entier, y compris la grande salle des concerts, il ne s'était écoulé que vingt mois, desquels on peut retrancher les deux mois perdus au commencement de 1877, comme nous l'avons dit précédemment, ce qui réduit à dix-huit mois la période effective des travaux et porte à une moyenne de plus de 500,000 fr. la dépense mensuelle, soit à près de 20,000 fr. la dépense moyenne de chaque journée effective de travail.

On peut affirmer, à la gloire de Paris, de ses artistes et de ses ouvriers, que c'est la seule ville du monde où un pareil tour de force puisse s'accomplir.

La construction du palais du Trocadéro n'aurait-elle servi qu'à montrer au monde cette vitalité et cette puissance de notre capitale, qu'elle aurait sa place marquée dans l'histoire du labeur humain.

Fig. 40. — Mascaron de la cascade.
(Modèle de M. Legrain.)

RENSEIGNEMENTS TECHNIQUES

I

Ventilation.

Le problème du chauffage et de la ventilation de la grande salle des fêtes du Trocadéro est un de ceux qui ont occupé, dès les premiers jours, les constructeurs du palais. Il était évident *a priori* que les dispositions à prendre pour assurer ces deux services devaient occuper des espaces importants dans l'ensemble des parties de la construction, et qu'il eût été probablement impossible de disposer après coup, dans le bâtiment, des conduits de l'importance de ceux qui devaient être nécessaires.

La grande salle devait contenir, en effet, 5,000 personnes, et ne pouvait, sans des moyens puissants de chauffage, pour la saison froide, et de ventilation pendant l'année entière, offrir un séjour confortable et hygiénique, soit pendant la durée de l'Exposition, soit ensuite dans les saisons d'hiver, après que la ville de Paris aurait pris possession de l'ensemble du palais.

Le problème se divisa naturellement en deux parties : chauffage et ventilation ; et ces deux parties devaient rester complètement séparées l'une de l'autre, par cette majeure raison : que l'État, qui construisait le palais, dans cette seule vue de l'Exposition universelle, pouvait se dispenser d'exécuter immédiatement les travaux de chauffage.

Il convenait néanmoins de prévoir à l'avance comment ces derniers travaux pourraient ultérieurement être exécutés, sans nuire ni à la solidité ni aux aménagements des bâtiments.

Le problème de ventilation fut posé ainsi :

Fournir 40 mètres cubes d'air par heure à chacune des 5,000 personnes groupées dans la salle, soit un total de 200,000 mètres cubes d'air par heure, soit 56 mètres cubes par seconde. Le premier point à établir concernait le sens du mouvement de l'air dans la salle. L'air devait-il se mouvoir de bas en haut ou bien de haut en bas ?

Si l'on considère qu'une veine fluide qui s'écoule dans un vaste milieu conserve sur une longueur assez grande de son parcours, et sans épanouissement très-sensible de sa forme cylindrique, la vitesse qu'elle possédait à l'orifice d'entrée ; si, d'autre part, on constate que, dans la salle qui nous occupe et dont la forme est celle d'un vaste amphithéâtre, toutes les parties de plancher sont occupées par des spectateurs, on peut conclure immédiatement que des bouches d'entrée d'air ne pourraient pas sans inconvénients être situées sur le sol.

Au contraire, si l'on sait qu'une veine fluide, sortant d'un vaste milieu et prenant accès dans un conduit, se compose d'une série de veines convergeant toutes vers l'orifice de sortie, on se rendra bien facilement compte qu'autour de la bouche d'évacuation, et dans un rayon relativement assez restreint, la vitesse de sortie de l'air sera très-faible et par conséquent peu sensible; et l'on en conclura que les bouches d'évacuation pourront sans aucun inconvénient être placées sur le sol, près des spectateurs.

Si, par une disposition spécialement étudiée, on peut faire que le nombre de ces bouches soit égal au nombre des personnes occupant la salle et si leur section est suffisamment grande, il est certain que le renouvellement de l'air pourra s'effectuer d'une façon très-régulière, sans que la vitesse de ce déplacement soit sensible et par conséquent incommode.

Des considérations qui précèdent, on conclut que l'air pur doit arriver loin du spectateur, mais que l'air vicié peut, au contraire, sortir près de lui.

Ce principe étant admis, comment la circulation de cet air sera-t-elle produite? sera-ce par appel ou bien par compression?

Si l'on se reporte aux considérations qui précèdent, on sera convaincu que toute porte qui s'ouvre donnera

178 LE PALAIS DU TROCADÉRO.

lieu à des rentrées d'air insupportables, si la salle est

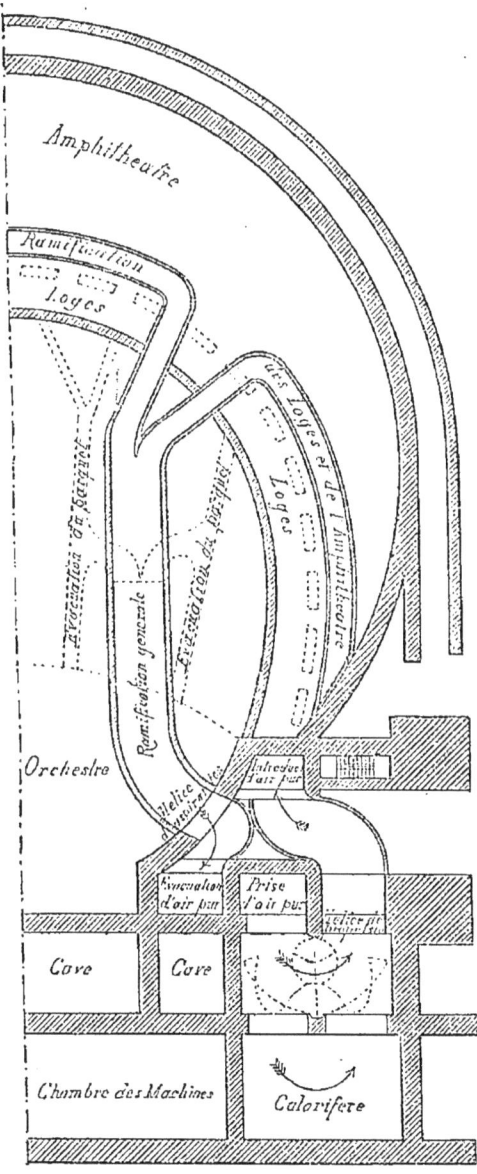

Fig. 41. — Plan de la moitié de la salle des fêtes : ventilation.

en dépression. Cet inconvénient n'aura pas lieu si la salle est en pression.

Les moyens mécaniques seuls permettent d'obtenir ce résultat.

Les dispositions symétriques de la construction, par rapport à un grand axe principal, conduisaient tout naturellement à décomposer les organes de la ventilation en deux parties égales et symétriques.

Le dessin ci-contre (fig. 44) fait comprendre que, pour chaque moitié de la salle, il a été possible de disposer, dans l'espace libre laissé entre les côtés de la conque d'orchestre et le mur pignon sur la place du Trocadéro, trois cheminées de passage d'air : la première, dite de prise d'air pur, part du sol même des carrières situées sous le palais, et monte jusqu'au sommet de l'édifice ; des registres placés à un niveau convenable permettent d'introduire dans la cheminée, soit de l'air puisé au-dessus du toit, soit de l'air pris dans les carrières du Trocadéro.

Il convient, en effet, de faire remarquer, au point de vue de la température, que la possibilité de puiser de l'air dans les carrières peut avoir une importance considérable.

On a constaté que cet air est parfaitement pur, et que son renouvellement peut être assuré d'une manière très-facile par l'établissement d'un puits d'aérage pratiqué dans le jardin. Or, les parois des piliers de carrières forment comme une immense surface de chauffe ou de refroidissement, élevant ou abaissant, suivant les saisons, de quelques degrés sensibles la température de l'air d'arrivée; il est certain que cette quantité de chaleur doit donner lieu en hiver à une économie journalière de combustible, dans le fonctionnement des appareils. En été, l'air sera toujours remarquablement frais, et, en 'hiver, son réchauffement sera plus rapide et plus économique.

A quelque source, d'ailleurs, qu'on s'approvisionne d'air pur, celui-ci sera pris par l'organe de propulsion et lancé vers la voûte de la grande salle par une cheminée dite d'introduction.

L'air passant au travers de la calotte sphérique centrale, ouverte dans la voûte, descendra progressivement jusqu'au sol, d'où il s'écoulera par les 5,000 bouches dont il a été question plus haut. Ces bouches seront ramifiées entre elles par séries progressives de conduits, et la somme totale de l'air qu'elles débitent sera appelée par un second organe d'entraînement mécanique, pour être enfin jeté dans la troisième cheminée, dite d'évacuation. Celle-ci communiquera avec la lanterne centrale qui surmonte le comble de la grande salle, et l'air impur sortira très-loin de la prise d'alimentation, ce qui est une condition essentielle à remplir pour éviter tout retour d'air déjà respiré.

D'après ces dispositions, on voit qu'il est fait usage de deux organes mécaniques, l'un qui souffle l'air par la grande voûte, l'autre qui l'aspire par le sol. La raison d'être de cette double action tient à quelques considérations qu'il est utile d'exposer.

La somme de chemin parcouru par l'air de ventilation dans les divers conduits qui le contiennent, comme aussi les divers coudes qui ramifient entre eux ces divers conduits, donnent lieu à des frottements de diverses natures et exigent une pression effective assez considérable pour que le mouvement de l'air soit toujours assuré.

Les calculs ont établi qu'il ne fallait pas moins, pour cela d'une pression de 6 millimètres d'eau; or, une telle pression, qui équivaut à 6 kilogrammes par mètre carré, rendrait très-incommode l'ouverture et la fermeture des portes; de plus, elle créerait une sortie anormale sensible de l'air, par les joints des grandes baies de la salle. C'est pourquoi cette pression a été décomposée en deux : en une pression positive de 3 millimètres d'eau environ, pression positive donnée par l'organe de propulsion, et en une pression négative ou aspiration de 3 millimètres, donnée par l'organe d'aspiration, cela étant obtenu en réglant les vitesses relatives de marche des deux appareils de propulsion et d'aspiration. On comprend qu'il sera ainsi pratiquement possible de régler exactement, à une quantité positive aussi faible qu'on le voudra, la pression réelle de l'air dans la salle.

Nous avons dit qu'il y aurait autant de bouches d'évacuation qu'il y aurait de spectateurs. La disposition de ces bouches a fait l'objet d'une étude particulière.

On sait que les bouches ouvertes sur le parquet ont le grave inconvénient d'accumuler dans les conduits, et par l'effet du balayage, des poussières, qui en diminuent assez rapidement la section; d'autre part, les vêtements de femmes devaient faire craindre qu'un grand nombre de bouches ouvertes sous le parquet ne fussent obstruées et sans effet utile.

Il a semblé, par conséquent, devoir être remédié à ces inconvénients, en plaçant près de chaque siège un tube vertical percé en plusieurs points de sa longueur, et pouvant de cette façon permettre l'aspiration de l'air à des hauteurs différentes, suivant les cas particuliers qui devaient se présenter à chaque place; c'est ainsi que l'espace triangulaire, laissé entre deux retours opposés de dossiers de siège, a été utilisé pour y placer le tube de ventilation nécessaire à chaque place.

Les ramifications sous le parquet des diverses places entre elles ont donné lieu à une disposition toute nouvelle, qui a eu pour but d'égaliser aussi exactement que possible, entre toutes les places, la somme des frottements dans les divers points de la canalisation. Le principe de leur tracé consiste à faire parcourir à l'air qui sort de chacune des places une somme de longueur toujours égale pour chacune d'elles. Le plan (fig. 41) indique comment le problème a été résolu. On voit que les places situées près de l'organe d'aspiration ne sont pas ramifiées directement au conduit principal, mais s'en vont chercher, au contraire, leur point de jonction à un point moyen, sorte de centre de gravité de la surface générale du parquet ou des loges.

Il nous reste, pour terminer cette étude, à examiner un dernier point des plus importants. Quelle doit être la nature et la forme de chacun des deux organes d'aspiration et de propulsion de l'air?

Après avoir étudié les divers ventilateurs en usage dans les mines, les architectes du Trocadéro ont été convaincus que le bruit relativement considérable produit par leur mouvement rendait leur usage impossible dans la salle des concerts; par ailleurs, leur rendement, sauf des cas très-exceptionnels, était loin de pouvoir donner une grande satisfaction.

Après diverses études faites de concert avec MM. Geneste et Herscher, l'hélice a été choisie comme un organe à la fois simple, économique et silencieux.

Pour nous résumer, nous pouvons dire que la salle du Trocadéro, contenant 5,000 spectateurs, alimente d'air chacun d'eux, à raison de 40 mètres cubes par heure ; l'air arrive par le haut de la salle, frais en été (il sera chaud en hiver), descend uniformément jusqu'au sol, et est évacué par 5,000 bouches égales, réparties sur la surface du sol. La pression de l'air dans la salle est positive et réglée à une mesure aussi faible que possible, au moyen des inégalités de vitesse de marche des hélices soufflantes et des hélices aspirantes. L'air pur est pris à volonté, soit au sommet des toits, soit dans les carrières du Trocadéro ;

il est, dans tous les cas, expulsé loin des prises d'alimentation.

La pratique a pleinement confirmé les prévisions théoriques, et, maintes fois, des expériences directes ont permis de constater qu'il est très-facile de régler à volonté la pression de l'air et sa température dans la salle.

Relativement à la température, il convient même d'ajouter qu'il ne faut faire que très-modérément usage des prises d'air qui communiquent avec les carrières, car un abaissement de 3 ou 4 degrés, dans la température de l'air qui arrive dans la salle, devient une cause de gêne pour le public.

Une simple manœuvre de trappes, comme aussi un règlement facile dans la vitesse de marche des machines soufflantes et aspirantes, permettent de régler toutes choses à volonté. C'est dans la docilité même des organes mécaniques employés que réside la supériorité du système.

II

Acoustique.

Parmi les problèmes qu'offre l'architecture, un des plus compliqués sans contredit est celui qui a trait à l'édification d'une salle de théâtre ou de concert.

Ce problème s'est posé depuis les temps les plus reculés ; mais les conditions, qui changent constamment dans chaque pays, à chaque époque et pour chaque nouvelle construction, font de chaque nouvel édifice à construire un problème nouveau et empêchent de profiter complètement de l'expérience des devanciers.

Jetons d'abord les yeux sur l'antiquité : nous voyons que les grandes salles de réunions publiques comprenaient d'abord les amphithéâtres, caractérisés principalement par leurs formes elliptiques et leurs proportions colossales. Pour ne citer qu'un exemple, le Colisée de Rome, un des monuments antiques les mieux conservés, mesure une longueur de 175 mètres et une largeur de 150 mètres, avec une arène centrale de 75 mètres par 47 mètres ; il pouvait contenir environ 110,000 spectateurs.

Il faut citer une seconde variété de salles qui avaient une destination tout autre. On y jouait de véritables scènes de la vie humaine, tantôt tragiques, tantôt comiques, et elles comportaient à cet effet une scène et des décors : c'est ce qu'on a appelé le Théâtre. Pour satisfaire à ces conditions nouvelles, la position centrale des acteurs n'étant plus admissible, l'espace occupé par les spectateurs était nécessairement réduit à une moitié de cercle. Malgré ces conditions désavantageuses au point de vue de l'espace, les théâtres de l'antiquité conservaient des proportions gigantesques. Celui de Bacchus, à Athènes, par exemple, ne mesurait pas moins de 76 mètres de diamètre ; celui de Sparte atteignait 110 mètres ; celui d'Argos, 180 mètres.

Qu'y jouait-on en dehors des pièces absolument classiques qui nous sont parvenues ? Il serait fort difficile de le dire exactement.

Les chanteurs s'y faisaient-ils entendre? Rien ne permet de l'affirmer; cela semble cependant probable; toujours est-il qu'il y avait incontestablement des musiciens.

Quel que soit le genre des spectacles usités alors, le grand nombre de places était obtenu par la disposition du tracé en amphithéâtre. D'ailleurs, les spectacles, de quelque nature qu'ils aient été, étaient donnés dans des sociétés chez lesquelles, sauf pour un très-petit nombre de privilégiés, toutes les places étaient égales.

Tous ces édifices étaient à ciel ouvert. Il est néanmoins établi d'une manière certaine qu'un immense vélum était tendu sur tout l'ensemble, pour protéger les spectateurs contre les intempéries de l'air et surtout contre les ardeurs du soleil. Dans certains cas particuliers, la scène seule, lorsqu'elle n'atteignait pas des dimensions par trop grandes, était couverte par une charpente en bois.

Cette charpente était toujours inclinée et ne devait pas être sans effet sur le renforcement des sons partant de la scène. Nous avons, d'ailleurs, un très-bon exemple de ce que devait être cette toiture, dans l'étude de restauration du théâtre d'Orange, exposée au Champ de Mars.

Il serait peut-être possible de prouver aussi que le

vélum, dont nous venons de parler, était destiné à améliorer la puissance acoustique du théâtre en limitant le cube d'air à mettre en vibration par les ondes sonores partant de la scène. Nous remarquerons aussi que le manque de couverture stable permettait de laisser complètement de côté les questions de ventilation et d'éclairage.

On voit que, dans l'antiquité, la forme des salles était restée à peu près indifférente aux conditions acoustiques.

Avec la décadence romaine commence aussi celle du théâtre, et nous pouvons traverser les premiers siècles de notre ère sans rencontrer trace de spectacles. Ce n'est guère que vers le vi[e] siècle que nous les voyons reparaître. Ces premières tentatives furent faites presque uniquement en France et en Italie.

En Italie, les premières pièces que nous rencontrons sont le plus souvent copiées sur les auteurs grecs ou romains. Il n'est pas rare de voir les classiques anciens joués dans leur propre langue. Pendant presque toute la renaissance italienne, le théâtre, distraction tout aristocratique, est confiné dans les palais, et l'on n'a pas connaissance d'emplacements spéciaux pouvant porter, à proprement parler, la dénomination de salles de théâtre, encore moins de grandes salles.

Tandis qu'en Italie l'art du théâtre s'adresse aux classes élevées de la société, en France il prend naissance dans la rue. On n'y joue presque exclusivement que des scènes religieuses, qui portent le nom générique de Mystères. Ces pièces, jouées toujours par des confréries religieuses, sont représentées sur la place publique, sans autre recherche de mise en scène que celle du costume plus ou moins conventionnel.

Quelquefois les mystères sont joués dans les maisons de justice des villes. Dans ce cas, une simple estrade mobile forme la scène. Tantôt aussi ils sont joués dans les cours des hôtelleries, et, dans ce cas, les balcons des différents étages constituent les places réservées, tandis que le reste des spectateurs se tient debout dans la cour.

Qui pourrait soutenir que la distribution des salles modernes ne prend pas son origine de ces dispositions mêmes, puisque nous y rencontrons les loges et les balcons, et que nous voyons que, dans le parterre, le public se tient fort longtemps debout?

Encore ici, nulle préoccupation de l'acoustique.

En tous cas, ces salles n'étaient que temporaires, et il faut atteindre le xve siècle pour trouver la première salle de spectacle. Ce fut l'ancienne grande salle de l'hôpital de la Trinité, prêtée aux pèlerins, acteurs de la Passion, par décret du roi Charles VI. Encore se fera-t-on une idée de ce qu'était ce théâtre, quand on saura que la salle mesurait seulement 24 toises de long sur 6 de large. Le seul point particulier à citer, c'est que la scène se composait d'un échafaudage à trois étages qui n'avait rien de commun avec le proscénium antique. Au niveau du public était la maison où se passait la scène humaine; au-dessus, le paradis; au-dessous, l'enfer.

A mesure que le nombre des confréries religieuses augmenta, la concurrence et le besoin de faire quelque chose de nouveau firent sortir le théâtre des limites restreintes entre lesquelles il était confiné, et peu à peu les pièces se dégagèrent de tout caractère se rattachant à l'Écriture sainte ou à la vie des saints. Les besoins nouveaux à satisfaire amenèrent naturellement des modifications aux dispositions des salles.

Avec l'adoption de ce principe moderne de l'unité de temps et de l'unité de lieu, la scène à trois étages disparaît pour faire place à la scène unique, telle qu'elle existe à peu près aujourd'hui.

C'est sous Louis XIII que nous trouvons une des premières salles véritablement appropriées à leur destination. Elle a la forme d'un rectangle.

Au rez-de-chaussée, un parterre auquel on accède de plain-pied de l'extérieur, en passant sous l'étage des loges, que soutient une série de colonnes; mais, chose bizarre, on y voit la scène placée à la hauteur des loges, et l'on se demande comment le public du parterre pouvait assister à de pareilles représentations.

Dans la salle du palais du Petit-Bourbon, la scène descend au niveau du parterre: elle est de forme arrondie en plan; mais ce qui est remarquable au point de vue qui nous occupe ici, c'est qu'elle est couverte par une calotte curviforme; et nous demandons si quelque raison d'acoustique ne l'a pas fait disposer ainsi.

De chaque côté de la salle se trouvaient une série de gradins, deux étages de balcons et, entre la scène et le parterre, un espace destiné sans doute aux spectateurs de distinction.

La salle du Palais-Royal est disposée autrement. Derrière le parterre existe, en effet, un amphithéâtre incliné atteignant le niveau des loges, et, afin de faciliter la vue commode de la scène, les deux côtés des balcons se rapprochent à mesure qu'ils s'éloignent de la scène et se raccordent au fond de la salle par une partie polygonale.

La salle dite des machines, aux Tuileries, construite sur l'ordre de Louis XIV, conserve à peu près la même forme. Toutefois le fond de la salle est arrondi, au lieu d'être à pans coupés.

La loge du roi occupe toute la partie réservée généralement à l'amphithéâtre, et les loges sont remplacées par de simples balcons.

La salle de la rue de l'Ancienne-Comédie affecte à peu près la forme déjà décrite. Toutefois la loge du roi est reportée à l'endroit où l'on verra plus tard apparaître l'avant-scène. Dans la salle du théâtre provisoire de la foire Saint-Laurent, les balcons latéraux ne sont plus rectilignes, et c'est une seule grande courbe qui détermine la forme générale de ce premier étage.

ACOUSTIQUE.

A Montpellier et à Metz, avec la forme en fer à cheval, nous voyons apparaître l'avant-scène.

Dans l'Opéra de Versailles, la scène augmente proportionnellement beaucoup en largeur, et la forme de la salle se rapproche du demi-cercle. Il en est de même à l'Opéra du Palais-Royal et au théâtre de Bordeaux.

Enfin, nous avons atteint l'époque absolument contemporaine. Mais ce qu'il convient de faire remarquer ici, c'est que toutes ces salles sont de dimensions relativement très-restreintes, si on les compare surtout à l'immensité des salles antiques, et que le hasard, auquel on se livre pour en déterminer la forme, produit, au hasard aussi, des salles bonnes ou mauvaises sous le rapport acoustique.

Cependant le problème de la construction de très-grandes salles devait se poser et appeler une solution rationnelle, pour satisfaire aux idées démocratiques qui se font de plus en plus jour parmi nous. Ce problème se présente dans des conditions différentes de celles de l'antiquité. En effet, le théâtre aujourd'hui doit être complètement fermé, afin d'être à l'abri des intempéries extérieures ; il doit être construit dans des conditions d'acoustique telles que les détails scéniques n'échappent à aucun spectateur, si éloigné qu'il soit de la scène ; mais, s'il faut que la salle soit sonore, il ne faut pas qu'elle le soit trop, car de cet excès de sonorité naissent ces échos multiples si préjudiciables à la netteté de l'audition.

Le problème est complexe, et c'est pour cela qu'il ne

faut pas s'en remettre aux hasards d'une inspiration fantaisiste pour trouver une solution pratique et certaine.

Dans un siècle comme le nôtre, où la science a résolu tant de problèmes difficiles, c'est dans une voie essentiellement méthodique et en procédant par voie de déductions rationnelles du connu à l'inconnu qu'il faut chercher la solution désirée.

C'est cette voie que les architectes du palais du Trocadéro ont suivie. Nous allons voir quels ont été leurs raisonnements et quels sont les moyens qu'ils ont employés pour arriver à les mettre en pratique.

Le son, on le sait, se propage dans l'espace dans toutes les directions autour de l'organe d'émission. La vitesse de marche des rayons sonores a été maintefois mesurée; elle varie un peu suivant les températures et les pressions barométriques, mais ces variations sont très-faibles dans les limites pratiques, et l'on peut regarder la vitesse de 340 mètres par seconde comme une mesure moyenne, suffisamment exacte au point de vue des applications que nous allons décrire.

S'il s'interpose sur la marche des rayons sonores un obstacle quelconque, le son se comporte de deux manières différentes, suivant la nature même de cet obstacle : ou le son est absorbé, c'est ce qui arrive lorsque l'obstacle est très-flexible ou rugueux, comme une étoffe, par exemple; ou le son est renvoyé ou réfléchi, si l'obstacle est dur et lisse, comme du marbre ou du verre.

Dans ce dernier cas, la réflexion du son se produit suivant une loi parfaitement déterminée, qui peut s'énoncer ainsi :

Le rayon émis et le rayon réfléchi restent dans un même plan perpendiculaire à la surface réfléchissante, et les angles que ces rayons forment avec cette surface, et que l'on appelle angle d'incidence et angle de réflexion, sont égaux entre eux.

Ce phénomène de réflexion est celui qui renforce, prolonge ou trouble l'effet acoustique des salles d'audition, suivant que le rayon sonore réfléchi arrive à l'oreille plus ou moins longtemps après le rayon sonore directement émis.

Si la surface répercutante est très-rapprochée de l'organe d'émission, les rayons directs et réfléchis arriveront presque en même temps à l'oreille du spectateur : il y aura renforcement du son.

Si la surface répercutante est un peu plus éloignée, il y aura prolongement du son.

Si la surface répercutante est très-éloignée, il y aura audition distincte du son direct et du son réfléchi ; en un mot, il se produira ce qu'on appelle un écho.

Le renforcement est toujours utile ; le prolongement est souvent désirable, c'est ce qui produit les salles sonores ; l'écho est toujours à redouter.

Mais quelle est la mesure de distance en deçà ou au delà de laquelle il y aura écho ?

Nous allons l'établir. La science expérimentale a

démontré que notre oreille est impressionnée par un même son pendant un intervalle de un dixième de seconde; c'est en dedans de cette limite que peut se produire un renforcement utile par l'effet de la réflexion, et, c'est au contraire, au delà que la répétition devient distincte et s'appelle écho, portant avec lui tous les inconvénients que l'on sait.

Si nous rappelons que le son parcourt 340 mètres par seconde, nous en conclurons que le dixième de cet espace, soit 34 mètres, correspond à la limite de différence des chemins que devront parcourir les rayons directs et les rayons réfléchis, limite au-dessous de laquelle les effets de renforcement seront utiles et au delà de laquelle ils seront nuisibles.

Mais ce chemin comprend l'aller et le retour du rayon indirect; donc la surface réfléchissante devra être placée à une distance maximum de 17 mètres de l'organe sonore.

Tel est le principe fondamental sur lequel a été établie la salle du Trocadéro : toute surface située à plus de 17 mètres de l'orchestre a été rendue absorbante; ce sont les murs, c'est la voûte, c'est la salle entière où se tient le public. On y a tendu une étoffe en bourre de soie sur laquelle, à l'avance, toute la décoration avait été peinte; par contre, toute surface située à moins de 17 mètres de l'orchestre pouvait être répercutante, afin de renforcer le plus possible le son émis dans les seules conditions possibles et d'autant plus utiles que l'absorp-

ACOUSTIQUE.

tion forcée par tout le reste de la salle devait tendre à la rendre absolument sourde, surtout si l'on considère son immense étendue et le nombre si considérable des spectateurs qui devaient y être appelés.

Mais quelle devait être la forme de cette surface répercutante?

On comprend que, pour être réellement utile, il ne suffisait pas qu'elle pût renvoyer vers la salle des rayons réfléchis, il fallait encore qu'elle ne les renvoyât que sur la nappe même occupée par le public. Les murs de l'orchestre ne purent satisfaire à ces conditions, parce que, étant forcément verticaux, les rayons d'incidence venant de l'orchestre situé au-dessous devaient, par l'effet de la réflexion, prendre forcément une direction de bas en haut, qui les eût renvoyés dans les parties hautes et non occupées de la salle; ce fut donc uniquement sur le tracé de la voûte de l'orchestre que tout l'effet de renforcement du son par réflexion dut être obtenu.

Pour atteindre ce but, on décomposa la voûte en 10 fuseaux et chacun d'eux en 10 zones; puis, pratiquant dans la salle même une division analogue sur les différentes parties occupées par les sièges, on obtint sur chacune de ces deux surfaces 100 divisions qui durent, dans la pensée des architectes, se correspondre l'une à l'autre, chaque centième de la voûte correspondant à un centième de la salle.

Par une épure, la direction de ces 100 éléments de surface de la voûte fut déterminée de position pour satisfaire aux effets de réflexion dont nous avons parlé précédemment, et enfin c'est tangentiellement à ces éléments qu'une surface curviligne enveloppée par ces réflecteurs élémentaires fut tracée.

La division avait été faite en 100 parties égales en surface dans la voûte pour 100 parties égales entre elles dans la salle.

Pouvait-on après cette étude passer sans crainte à l'exécution? Un scrupule vint aux architectes et les détermina à faire une première expérience. Mais l'expérience directe et en grand était absolument impossible, on le comprend.

L'idée vint d'un modèle en petit, exécuté en cuivre repoussé, argenté et poli, qui servirait à expérimenter l'effet d'une réflexion optique substituée à celui d'une réflexion acoustique.

La loi de réflexion des deux fluides est, nous l'avons dit, la même. L'expérience fut organisée. L'effet en fut immédiatement probant. Une lumière électrique placée au centre de l'orchestre fut répercutée d'une manière égale par la voûte argentée sur toutes les places du petit modèle de la salle, et rien que sur ces places. Mais ce résultat, si frappant en lui-même, suggéra cependant une nouvelle idée : c'est que, par une pareille disposition, le renforcement des sons allait être égal indistinctement pour toutes les places.

En devait-il être ainsi? Toutes les places avaient-elles réellement besoin de ce renforcement? N'était-il pas, au contraire, évident que les places rapprochées de l'orchestre pouvaient s'en passer absolument? et les places les plus éloignées ne devaient-elles pas être bien plus avantagées?

Poser la question, c'était la résoudre. En effet, un nouveau tracé fut exécuté, qui augmentait considérablement l'importance des parties réfléchissantes correspondant aux dernières places et diminuait de beaucoup, au contraire, celles qui correspondaient aux premiers bancs du parquet.

Tel est le principe du tracé de cette voûte, appelée conque acoustique.

Elle fut exécutée avec un soin extrême, construite en briques creuses, puis recouverte d'une série d'enduits lissés successivement jusqu'à siccité et durcissement complet.

L'effet pratique de cette conque est aujourd'hui indiscutable : on entend aussi distinctement aux places situées à 70 mètres de l'orchestre qu'aux premiers fauteuils du parquet. Telle est la solution aussi satisfaisante que possible de la première partie du problème : le renforcement du son.

En est-il de même de l'étouffement du son sur les parois des murs et de la voûte de la salle? Il faut savoir le dire, il n'en est pas absolument ainsi. En effet, soit que l'étoffe employée ne soit pas assez épaisse, soit que, par l'effet de son application sur enduit de céruse, elle ait perdu une partie de ses propriétés absorbantes, il est certain que, sous l'effet de grands fortissimo et surtout sous l'influence de certains timbres, l'absorption n'est pas absolument complète, comme le voulaient les architectes, et il se produit quelquefois un écho.

Mais ce qu'il convient de remarquer, c'est que ce défaut tend à s'atténuer de jour en jour, par suite sans doute de modifications naturelles dans la nature superficielle de la bourre de soie qui tend la salle, et que, loin de détruire la théorie précédemment développée, l'imperfection signalée l'affirme, au contraire, de la manière la plus frappante. Si un faible écho se produit encore, combien n'eût-il été plus intense et tout à fait insupportable si les murs et les voûtes n'avaient pas été tendues d'étoffe, si, en un mot, les constructeurs n'avaient pas pris pour guide les lois incontestables de l'acoustique en ce qui touche la vitesse de propagation et la réflexion du son ?

Le jour où l'on pourra doubler l'épaisseur encore insuffisante de l'étoffe qui recouvre les murs et la voûte, nul doute que le problème ne soit pratiquement et complètement résolu dans ses deux termes extrêmes : faire bien entendre de loin les pianissimo, n'obtenir aucun excès de sonorité sous l'effet des fortissimo.

L'expérience qui vient d'être faite sur une échelle immense démontre, par les résultats obtenus, que les principes sur lesquels on s'est établi sont à l'abri de toute critique. Le degré d'absorption des étoffes a été la seule inconnue du problème, c'est ce qu'on appellerait scientifiquement le coefficient d'absorption. Aucune expérience n'avait été faite précédemment à ce sujet ; il y a là un nouveau champ d'études à parcourir pour agir à coup sûr dans les constructions futures des grandes salles de spectacle.

La construction de la grande salle des fêtes du Trocadéro aura, nous l'espérons, nettement établi deux points importants dans l'acoustique pratique, à savoir : qu'*il faut enfler le son près des organes d'émission*, et qu'*il faut l'étouffer absolument loin de ces organes*.

Là est la seule voie rationnelle, la voie du succès certain pour les constructeurs de l'avenir.

A ceux qui préféreraient encore l'école du hasard, nous dirons : Allez entendre le menuet de Boccherini, cette composition merveilleuse dans ses finesses ; allez entendre le *Gallia* de Gounod, cette grande page si puissante avec ses larges harmonies ; allez entendre les chœurs des étudiants d'Upsal, ces chœurs d'artistes qui nous ont fait connaître de si charmantes et si originales compositions ; allez entendre, enfin, l'orgue de M. Cavaillé Coll ; allez dans cette salle de 50 mètres de diamètre, surtout quand elle est pleine de monde, et dites-nous si, sans esprit de méthode, sans principes scientifiques, un constructeur eût pu affirmer à l'avance qu'un tel résultat serait obtenu.

Non, la marche des sons est un phénomène physique, et, comme tel, il obéit à certaines lois, tout comme la chaleur, la lumière, l'électricité. Ces lois sont depuis longtemps parfaitement connues : les nier serait une révolte vaine; en reconnaître la vérité pour en tirer parti, c'est marcher dans la voie du progrès, c'est asservir les éléments au profit de l'humanité.

III

Optique.

S'il est indispensable de bien entendre dans une salle de concerts, il est aussi très-important de bien voir non-seulement les artistes, mais la salle elle-même, pour qu'il s'établisse à certains moments cette communication quasi électrique, qui fait de la sensation particulière de chacun un courant général qui décuple, par cela même, les effets des émotions individuelles; de là, l'adoption de la forme en fer à cheval pour le tracé des loges et de l'amphithéâtre, le parquet seul faisant absolument face à l'orchestre. Mais, si la forme en plan se trouve ainsi définie, il n'en est pas de même de la détermination de hauteur relative de chaque rang par rapport à celui qui le précède.

On s'est maintes fois récrié, non sans raison, contre l'exagération de certaines modes de coiffures. Il serait plus logique de reprocher à presque tous les théâtres l'insuffisance de dénivellation des rangs les uns par rapport aux autres.

Dans la salle du Trocadéro, les architectes ont voulu, en principe, établir que ces dénivellations seraient fortement prononcées, et quand, par un tracé géométrique, ils ont voulu le constituer par différences égales entre deux rangs successifs, ils ont constaté que l'accroissement de hauteur du sol d'un rang par rapport au rang précédent ne devait pas être une quantité fixe, mais, bien au conraire, une quantité essentiellement variable, s'accroissant en raison de la distance du rang considéré au centre de vision, c'est-à-dire à l'orchestre. C'est ainsi que la pente, absolument nulle pour les premiers rangs du parquet, s'accroît à partir du sixième rang, au fur et à mesure de l'éloignement de la scène, pour atteindre enfin un maximum de 45 degrés dans les derniers rangs d'amphithéâtre : on comprend facilement que cette pente variable détermine, pour l'ensemble des places, une forme creuse dite en cuvette. En opérant ainsi, on est assuré de voir également bien à tous les rangs et dans toutes les places. On le voit, c'est encore à la science géométrique qu'on a fait appel pour obtenir cette solution de tracé optique, que la théorie avait démontrée rationnelle, et que la pratique est venue consacrer d'une manière tout à fait évidente à tous les yeux.

FIN.

Fig. 42. — Mascaron de la Cascade.
(Modèle de M. Legrain.)

TABLE DES FIGURES.

                                              Pages.

Fig. 1. — Mascaron de la Cascade (modèle de M. Legrain). III

2. — Veuë du Chasteau de Challiot proche de Paris (fac-similé d'une gravure d'Israël Silvestre). 7

3. — Vue du couvent des Dames de la Visitation en 1777, d'après la gravure de Lespinasse 12

4. — Plan du couvent des Dames de la Visitation, d'après Verniquet. 13

5. — Le Trocadéro en 1867, plan. 31

6. — Mascaron de la Cascade (modèle de M. Legrain). . . . 32

7. — Plan général du Trocadéro, en 1878. 33

8. — Vue général du Palais, côté du Jardin. 34

9. — Coupe sur le grand axe de la salle des fêtes et de ses annexes. 39

10. — Vue de la salle des fêtes, prise d'une des tribunes. . . 44

11. — Décoration de la salle des fêtes : La France, sous les traits de l'Harmonie, accueille les nations (peinture murale de M. Ch. Lameire). 50

12. — Plafond de la salle des fêtes. 59

TABLE DES FIGURES.

	Pages.
13. — Tribune du Président de la République.	61
14. — L'Industrie des Métaux (statue de M. de Vauréal).	62
15. — L'Industrie des Tissus (statue de M. J. Gautherin).	63
16. — L'Agriculture (statue de M. Aubé).	66
17. — L'Astronomie (statue de M. Itasse).	67
18. — La Renommée (modèle de M. Mercié).	68
19. — Galerie donnant sur la place du Trocadéro.	74
20. — Le Palais, vu de la place du Trocadéro.	79
21. — L'une des tours du Palais, partie au-dessus des combles	81
22. — Ascenseur de la tour, côté de Paris.	85
23. — Mascaron de la Cascade (modèle de M. Legrain).	87
24. — Vue de l'un des vestibules.	88
25. — Détail d'un des chapiteaux du vestibule.	89
26. — Vue du pavillon de tête, côté de Passy.	105
27. — Vue de la salle des fêtes, prise d'un des portiques des ailes.	113
28. — Chapiteau du portique des ailes.	114
29. — Vue de la Cascade, prise du bas du Jardin.	120
30. — Vue du Palais du Champ de Mars, prise de l'intérieur du château d'eau de la Cascade.	121
31. — Clef ornée du château d'eau de la Cascade (modèle de M. Legrain).	122
32. — Clef ornée du château d'eau de la Cascade (modèle de M. Legrain).	123
33. — L'Europe (modèle de M. Schœnewerck, statuaire).	126
34. — L'Afrique (modèle de M. Delaplanche, statuaire).	127
35. — Mascaron de la Cascade (modèle de M. Legrain).	128
36. — Clef ornée du château d'eau de la Cascade (modèle de M. Legrain).	129
37. — Le Bœuf (modèle de M. Cain, statuaire).	130

TABLE DES FIGURES.

Pages.

38. — Le Rhinocéros (modèle de M. Jacquemart, statuaire). . 131
39. — Mascaron de la Cascade (modèle de M. Legrain). . . 132
40. — Mascaron de la Cascade (modèle de M. Legrain). . . . 174
41. — Ventilation de la salle des fêtes, plan de la moitié de la salle. 179
42. — Mascaron de la Cascade (modèle de M. Legrain). . . . 202

www.ingramcontent.com/pod-product-compliance
Lightning Source LLC
Chambersburg PA
CBHW060127170426
43198CB00010B/1065